Approche de classification supervisée à base de treillis de Galois

Brahim Douar

Approche de classification supervisée à base de treillis de Galois

Application à la reconnaissance de visages

Éditions universitaires européennes

Mentions légales / Imprint (applicable pour l'Allemagne seulement / only for Germany)
Information bibliographique publiée par la Deutsche Nationalbibliothek: La Deutsche Nationalbibliothek inscrit cette publication à la Deutsche Nationalbibliografie; des données bibliographiques détaillées sont disponibles sur internet à l'adresse http://dnb.d-nb.de.
Toutes marques et noms de produits mentionnés dans ce livre demeurent sous la protection des marques, des marques déposées et des brevets, et sont des marques ou des marques déposées de leurs détenteurs respectifs. L'utilisation des marques, noms de produits, noms communs, noms commerciaux, descriptions de produits, etc, même sans qu'ils soient mentionnés de façon particulière dans ce livre ne signifie en aucune façon que ces noms peuvent être utilisés sans restriction à l'égard de la législation pour la protection des marques et des marques déposées et pourraient donc être utilisés par quiconque.

Photo de la couverture: www.ingimage.com

Editeur: Éditions universitaires européennes est une marque déposée de
Südwestdeutscher Verlag für Hochschulschriften GmbH & Co. KG
Heinrich-Böcking-Str. 6-8, 66121 Sarrebruck, Allemagne
Téléphone +49 681 37 20 271-1, Fax +49 681 37 20 271-0
Email: info@editions-ue.com

Produit en Allemagne:
Schaltungsdienst Lange o.H.G., Berlin
Books on Demand GmbH, Norderstedt
Reha GmbH, Saarbrücken
Amazon Distribution GmbH, Leipzig
ISBN: 978-3-8417-8955-6

Imprint (only for USA, GB)
Bibliographic information published by the Deutsche Nationalbibliothek: The Deutsche Nationalbibliothek lists this publication in the Deutsche Nationalbibliografie; detailed bibliographic data are available in the Internet at http://dnb.d-nb.de.
Any brand names and product names mentioned in this book are subject to trademark, brand or patent protection and are trademarks or registered trademarks of their respective holders. The use of brand names, product names, common names, trade names, product descriptions etc. even without a particular marking in this works is in no way to be construed to mean that such names may be regarded as unrestricted in respect of trademark and brand protection legislation and could thus be used by anyone.

Cover image: www.ingimage.com

Publisher: Éditions universitaires européennes is an imprint of the publishing house
Südwestdeutscher Verlag für Hochschulschriften GmbH & Co. KG
Heinrich-Böcking-Str. 6-8, 66121 Saarbrücken, Germany
Phone +49 681 3720-310, Fax +49 681 3720-3109
Email: info@editions-ue.com

Printed in the U.S.A.
Printed in the U.K. by (see last page)
ISBN: 978-3-8417-8955-6

Résumé : La classification d'images consiste à répartir systématiquement des images selon des classes établies au préalable. Classer une image consiste à lui faire correspondre une classe marquant sa parenté avec d'autres images. Un exemple complexe mettant en évidence la faculté innée de l'Homme à reconnaître des images est, celui de la reconnaissance de visages.

La recherche dans le domaine de la reconnaissance de visages profite des solutions obtenues dans le domaine de l'apprentissage automatique. En effet, le problème de classification de visages peut être considéré comme un problème d'apprentissage supervisé où les exemples d'apprentissage sont les visages étiquetés.

C'est dans ce contexte que se situe notre présent travail qui consiste en une nouvelle approche hybride de classification. Elle utilise le paradigme d'apprentissage automatique supervisée. Le treillis de Galois offre une structure formelle pour représenter une telle classification. Ainsi, ce mémoire porte sur l'étude du treillis de Galois en vue de son utilisation pour la classification supervisée. Et ce, en proposant un nouvel algorithme de classification ainsi que son application pour la reconnaissance de visages. L'originalité de notre approche provient de la combinaison de l'*analyse formelle de concepts* avec les approches de classification supervisée à inférence bayésienne ou à plus proches voisins. Nous avons montré empiriquement sur quinze benchmarks relatifs à différents domaines en plus d'un benchmark du domaine de la reconnaissance de visages, qu'en moyenne, notre approche améliore les résultats de son classifieur de base et devance plusieurs algorithmes cités dans la littérature tels que : C4.5, CART et BFTree.

Mots-clés : Reconnaissance de visages, Apprentissage supervisée, Analyse formelle de concepts, Treillis de Galois, Biométrie.

Abstract : Researches in the field of face recognition benefits from the solutions obtained in the field of machine learning. Indeed, the problem of face recognition can be regarded as a problem of supervised learning where the examples of training are the labeled faces.

In the present work, we propose a new hybrid classification approach based on the paradigm of supervised learning. The Galois Lattice offers a formal structure to represent such a classification. Thus, this work shows the use of Galois Lattices for supervised classification, by introducing a novel approach of classification and its application for faces recognition. The originality of our approach comes from the combination of the formal concepts analysis with supervised classification methods based on Bayesian inference or nearest neighbors. Carried out experiments on fifteen benchmarks relating to various fields in addition to a benchmark of the field of face recognition, confirm averagely, that our approach improves the results of its basic classifier and outperforms several algorithms quoted in the literature such as: C4.5, CART and BFTree

Key-words: Face recognition, Supervised learning, Formal concepts analysis, Galois lattice, Biometrics

Table des matières

Chapitre 4 : Application de CITREC dans la reconnaissance de visages et validation expérimentale   64

Liste des tableaux

Liste des figures

Introduction générale

Savoir déterminer de manière à la fois efficace et exacte l'identité d'un individu est devenu un problème critique dans notre société. En effet, bien que nous ne nous en rendions pas toujours compte, notre identité est vérifiée quotidiennement par de multiples organisations : lorsque nous utilisons notre carte bancaire, lorsque nous voyageons d'un pays à l'autre ou même lorsque nous nous connectons à un réseau informatique, etc.

En matière de sécurité, la biométrie[1] ne cesse d'apporter des solutions de plus en plus efficaces. Elle consiste à identifier une personne à partir de ses caractéristiques *physiques* ou *comportementales*. Le visage, les empreintes digitales, l'iris, etc. sont des exemples de caractéristiques physiques. La voix, l'écriture, le rythme de frappe sur un clavier, etc. sont des caractéristiques comportementales. Ces caractéristiques, qu'elles soient innées comme les traits du visage ou bien acquises comme la signature, font partie du patrimoine de chaque individu et sont, par conséquent, infalsifiables ou, à la limite, difficile à contrefaire.

Ces dernières années, on remarque un intérêt grandissant des gouvernements pour la biométrie, tel est l'exemple des états unies qui, en 2006, ont commencé à fournir des passeports biométriques qui contiennent une photo numérisée du porteur en plus d'autres données biométriques stockées sur une puce électronique dont le contenu est accessible à distance [Department of State, 2006a, Department of State, 2006b]. C'est pourquoi, les recherches portent sur plusieurs problématiques de l'identification biométrique, et surtout sur la reconnaissance de visages qui s'avère une méthode, d'une part, simple pour l'utilisateur puisqu'une brève exposition devant une caméra permet de l'identifier ou de l'enregistrer dans le système et d'autre part, la reconnaissance de visages n'est pas encore un problème résolu comme l'ont montré les évaluations conduites par NIST[2] [J. Micheals, et al., 2002, JONATHON PHILLIPS, et al., 2003]. Ceci s'explique par l'extrême difficulté de ce problème car les visages de personnes différentes ont globalement la même forme, alors que les images d'un même visage peuvent fortement varier du fait des expressions faciales, des conditions

---

[1] Analyse mathématique des caractéristiques biologiques d'une personne, destinée à déterminer son identité de manière irréfutable. La biométrie repose sur le principe de la reconnaissance de caractéristiques physiques

[2] NIST est l'acronyme de " National Institute of Standards and Technology ". Désigne un Institut de l'administration américaine qui détermine les standards employés par cette même administration. L'ancien nom est NBS, National Bureau of Standards. Site Web : http://www.nist.gov/

d'illumination, de la pose, de la présence ou de l'absence de lunettes, moustaches ou barbes, etc.

La recherche dans le domaine de la reconnaissance de visages profite des solutions obtenues dans le domaine de l'apprentissage automatique. En effet, le problème de classification de visages peut être considéré comme un problème d'apprentissage supervisé où les exemples d'apprentissage sont les visages étiquetés.

La classification, supervisée ou non, en tant que discipline scientifique, n'a été automatisée et massivement appliquée que relativement récemment. Comme la plupart des activités scientifiques, l'essor des différentes techniques de classification a largement bénéficié de l'avènement et du perfectionnement des outils informatiques.

C'est dans ce contexte que se situe notre présent travail qui consiste en une nouvelle approche de classification. Elle utilise le paradigme d'apprentissage automatique supervisée. Le treillis de Galois offre une structure formelle pour représenter une telle classification. Ainsi, ce mémoire porte sur l'étude du treillis de Galois en vue de son utilisation pour la classification supervisée. Et ce, en proposant un nouvel algorithme de classification ainsi que son application pour la reconnaissance de visages.

Motivations

Plusieurs méthodes de classification basées sur le treillis de concepts ont été développées et comparées à des méthodes standards couramment utilisées pour ce type de problème. Étant donné que, dans le cadre de notre travail, nous nous intéressons en particulier à l'approche de classification à base de treillis de Galois proposé par Xie dans [XIE, et al., 2002] . En effet, notre approche se base sur l'approche de Xie, en essayant de pallier certaines insuffisances de celle-ci, à savoir : i) Approche non incrémentale, ce qui signifie qu'à chaque nouvelle instance ajoutée dans la base, le processus d'apprentissage doit être relancé, ii) Complexité élevée et lourdeur de la phase d'apprentissage et iii) Problème de mise à l'échelle (Sclability), la construction du treillis dépend énormément du nombre d'instances.

Pour remédier aux insuffisances énumérées, nous proposons un nouvel algorithme, nommé CITREC, permettant la classification supervisée. Par rapport à l'approche de Xie, l'originalité de CITREC réside dans le fait de construire un treillis d'index uniquement à partir des instances représentatives des différentes classes de l'ensemble d'apprentissage en plus de son aspect incrémental. Ceci réduit considérablement la complexité de la phase d'apprentissage.

Pour apprécier l'apport de cette nouvelle approche, nous avons choisi la reconnaissance de visages comme application. Et nous avons montré par la suite l'adaptation de CITREC pour ce type de problèmes.

Structure du mémoire

Le présent mémoire est organisé en quatre chapitres, en plus d'une introduction générale et d'une conclusion générale.

Le **premier chapitre** introduit la problématique de l'apprentissage automatique et présente plusieurs méthodes de classification supervisée existantes dans la littérature. Il introduit également les fondements mathématiques de l'*analyse formelle de concepts* et présente les systèmes de classification à base de treillis de Galois les plus connus. Et ce, en détaillant les deux systèmes CL_{NN} et CL_{NB} proposés par Xie dans [XIE, et al., 2002], vu que notre contribution s'inspire de cette approche.

Le **deuxième chapitre** est consacré à la présentation de l'état de l'art du domaine de la reconnaissance de visages que nous avons choisi comme application de notre algorithme de classification supervisée. Ainsi, que d'une présentation des différentes familles des méthodes de reconnaissance de visages.

Au sein du **troisième chapitre**, nous décrivons notre nouvelle approche de classification supervisée à base de treillis de Galois tout en présentant l'algorithme CITREC et ses trois modules d'apprentissage, de classement et de mise à jour.

Le **quatrième chapitre** propose d'étudier l'application de notre nouvelle approche dans la reconnaissance de visages et de présenter les expérimentations effectuées sur l'algorithme CITREC. Ces expérimentations sont réparties en deux scénarios, à savoir : i) l'étude des performances de l'approche sur des benchmarks de différents domaines utilisés dans la littérature, et ii) l'étude de ses performances sur un benchmark de visages utilisé dans la littérature récente et contenant plus de 1521 photos de visages de 23 personnes différentes. Une comparaison des résultats expérimentaux de CITREC avec différentes méthodes de classifications est aussi présentée.

Le mémoire se termine par une conclusion générale qui résume les différents travaux de recherches que nous avons effectués ainsi que d'une présentation de quelques perspectives futures de recherche.

Partie I
État de l'Art

Chapitre 1
La classification automatique

1. Introduction

Le développement actuel des technologies de l'information et de la communication (TIC), qui n'a épargné aucun domaine des activités humaines, a consacré une utilisation importante de supports numériques.

Les scientifiques cherchent depuis des années à automatiser des tâches dites « *intelligentes* » qui ne peuvent être réalisées jusque là que par l'homme. Tels sont les exemples de la reconnaissance de la parole humaine et son interprétation, la réalisation d'une analyse automatique de photos satellitaires pour détecter certaines ressources sur la terre, l'assistance des experts afin de prendre des décisions dans des environnements complexes et évolutifs (marché financier, diagnostic médical,...), la fouille de grandes bases de données, l'analyse de données clientèles dans les entreprises permettant de mieux cibler les campagnes publicitaires, les jeux d'échec, de dame, etc.

Nous parlons ainsi de l'Intelligence Artificielle qui intéresse plusieurs domaines, dont l'apprentissage artificiel, qui a comme objectif la production d'outils de prise de décision capables de la résolution automatique de problèmes complexes à partir d'exemples.

Pour mieux apprécier la finalité de tels systèmes, nous citons quelques applications du monde réel telles que :

- Le tri automatique du courrier par un dispositif de lecture et d'interprétation du code postal ou de l'adresse manuscrite. Pour cela, il faudrait 10 classes (les chiffres de 0 à 9) et les variables descriptives peuvent être les niveaux de gris des pixels provenant d'une image numérisée à identifier [Stoppiglia, 1997].

- Un établissement bancaire est fréquemment appelé à répondre à la demande de prêt d'un client, sur la base de quelques indicateurs décrivant sa capacité à rembourser. Dans ce cas, les individus à classer sont des personnes, et les variables descriptives sont, par exemple, le salaire, l'âge, la situation de famille, le nombre d'enfants, etc. Nous pouvons admettre plusieurs classes suivant le type de risque que définit l'établissement [Stoppiglia, 1997].

▪ Pour un système de sécurité, le dispositif doit repérer au bon moment une situation inquiétante parmi la masse de situations normales et déclencher l'alerte. Dans le cas d'un dispositif de surveillance d'un réacteur chimique, les individus sont les états du processus au cours du temps et les variables descriptives sont, par exemple, la température, le débit, le PH, etc. Il y a deux classes possibles (situation normale et situation anormale) [Stoppiglia, 1997].

Ces exemples cités ne sont qu'un échantillon d'une diversité d'applications menées dans le domaine de l'apprentissage artificiel que nous détaillons dans ce qui suit.

2. L'apprentissage Artificiel

La croissance actuelle de la puissance des ordinateurs et des réseaux de télécommunications ouvre de nouveaux horizons et permet l'apparition des applications innovantes qui font appel à l'apprentissage artificiel.

L'apprentissage artificiel est apparu en réponse à la nécessité de combler un manque dans les systèmes provenant de l'intelligence artificielle classique, dont le paradigme est celui des systèmes experts [Cornuéjols, et al., 2002].

Un système expert est un programme capable de répondre à des questions, en effectuant un raisonnement à partir de faits et de règles connus, et ce, en fonction des données reçues de son environnement. De tels programmes sont donc définis une fois pour toute et réagissent aux sollicitations de l'environnement toujours de la même façon. En effet, la limite principale de ces systèmes est que le programme est figé, il n'a pas la possibilité d'évoluer et de changer ses règles si elles s'avèrent incorrectes ou inefficaces. Ils sont donc incapables d'appendre de leurs expériences passées afin d'améliorer leurs réponses lors d'interactions futures.

L'objectif principal de l'apprentissage artificiel est alors de remédier à cette lacune majeure de l'intelligence artificielle classique. Un schéma explicatif de cette différence est présenté dans la figure 1 (voir page 7).

2.1. L'apprentissage en général

En général, l'apprentissage est la capacité d'une entité d'améliorer ses performances au fur et à mesure de l'exercice d'une activité, en partant d'expériences. Cette caractéristique est essentielle pour résoudre un très grand nombre de problèmes dans lesquels une modélisation complète est impossible ou nécessite la production d'un modèle trop complexe pour être exploitable. Parmi les objectifs de l'apprentissage nous citons :

• La reconnaissance

• La généralisation

• L'adaptation

- L'amélioration

- L'optimisation

La figure 2 (voir page 8) présente une architecture générique d'un système d'apprentissage mettant en évidence l'aspect dynamique de l'apprentissage.

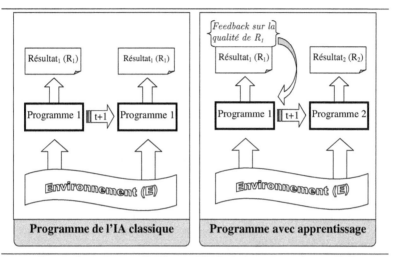

Figure 1 : Comparaison entre l'intelligence artificielle classique et l'apprentissage artificiel
[Cornuéjols, et al., 2002]

2.2. Définition de l'apprentissage artificiel

Nous énonçons une définition de l'apprentissage donnée par Cornuéjols et Miclet dans [Cornuéjols, et al., 2002] stipulant que : « L'apprentissage artificiel englobe toute méthode permettant de construire un modèle de la réalité à partir de données, soit en améliorant un modèle partiel ou moins général, soit en créant complètement le modèle ».

Ainsi, l'apprentissage artificiel a pour but l'élaboration de modèles, de règles et de connaissances, ce qui va servir lors du processus de la prise de décision automatique. Il existe par ailleurs différents types d'apprentissage, que nous décrivons dans ce qui suit.

3. Types d'apprentissages

Dans la littérature nous distinguons deux types d'apprentissage artificiel caractérisés par le type des données utilisées [CREAC'H, 2007], à savoir l'apprentissage symbolique et l'apprentissage numérique.

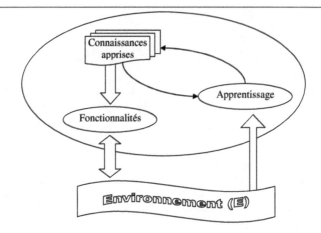

Figure 2 : Architecture générique d'un système d'apprentissage [Corruble, 2002]

3.1. Apprentissage symbolique

L'apprentissage symbolique, comme son nom l'indique, manipule des symboles. Il fonctionne grâce à la mise en place de relations entre ces symboles par le biais de jugements [CREAC'H, 2007].

L'idée est donc d'élaborer des méthodes permettant d'extraire des connaissances structurelles ou décisionnelles à partir d'instances peu structurées. La procédure de classification ainsi produite peut être écrite sous forme de règles sémantiquement significatives. Ceci représente l'avantage principal de l'apprentissage symbolique. Un expert qui analyse le système apprenant va pouvoir comprendre la façon dont fonctionne celui-ci.

Parmi les méthodes d'apprentissage symbolique nous citons : les arbres de décision, les règles de décision, l'espace des versions, etc. [NJIWOUA, 2000]

3.2. Apprentissage numérique

L'apprentissage numérique ne manipule pas de symboles, il traite uniquement des valeurs numériques quantitatives qui vont être manipulées afin de réaliser l'apprentissage [CREAC'H, 2007].

L'avantage de ces méthodes, c'est leur grande adaptabilité. D'ailleurs, elles sont parfois nommées méthodes adaptatives. Contrairement aux méthodes symboliques, elles produisent des procédures de classification en boîte noire. En plus, il est très difficile, voir impossible, de comprendre comment le système apprend (les réseaux de neurones artificiels en sont un bon exemple).

Parmi les méthodes d'apprentissage numérique nous citons : les réseaux de neurones, les approches statistiques, les algorithmes génétiques etc. [NJIWOUA, 2000]

4. Paradigmes de l'apprentissage artificiel

En apprentissage, le fait qu'intervienne (ou non) un expert afin d'aider l'apprentissage, en fonction des informations dont il dispose, définit le type d'apprentissage, d'où la distinction entre l'*apprentissage supervisé* et *non supervisé*, et l'*apprentissage par renforcement*.

4.1. L'apprentissage non supervisé

Dans l'apprentissage non supervisé, le système ne reçoit aucune information extérieure concernant les résultats attendus. Le système ou l'algorithme doit découvrir lui-même les corrélations existantes entre les données qu'il doit traiter [CREAC'H, 2007].

Le partitionnement de données (data clustering en anglais) est une méthode statistique d'analyse des données qui adopte le paradigme d'apprentissage non supervisé. Parmi les applications de cette technique, nous citons le domaine de la segmentation des images satellitaires [Lakshmanan, 2001] et celui de la segmentation des clients d'une banque à partir de leur profil qui constitue une aide à la décision lors de l'affectation des prêts [Danuta, et al., 2005].

4.2. L'apprentissage supervisé

L'apprentissage supervisé étudie comment construire automatiquement des connaissances manipulables par la machine à partir d'exemples fournis par l'homme.

Le terme supervisé vient du fait que l'ensemble des classes et la classe associée à chaque objet sont connus. Un expert est employé pour étiqueter correctement des exemples.

Ce type d'apprentissage consiste ainsi à inférer un modèle de prédiction à partir d'un ensemble d'apprentissage, c'est-à-dire plusieurs couples de la forme {observation, étiquette}, où chaque étiquette dépend de l'observation à laquelle elle est associée. Un algorithme d'apprentissage supervisé a pour but de déterminer une fonction s'approchant au mieux de la relation liant les observations et les étiquettes à partir de l'ensemble d'apprentissage uniquement. Cette fonction doit par ailleurs posséder de bonnes propriétés de généralisation et ainsi être capable d'associer une étiquette adéquate à une observation qui n'est pas dans l'ensemble d'apprentissage [CREAC'H, 2007].

La méthode des k plus proches voisins et les arbres de décision sont un exemple typique des systèmes d'apprentissage supervisé. Une application connue de l'apprentissage supervisé est le système « A2iA » [KNERR, et al., 1996] qui permet la lecture automatique du montant écrit en toutes lettres sur les chèques bancaires et postaux.

4.3. L'apprentissage par renforcement

En apprentissage par renforcement, le système va essayer d'apprendre « seul » la façon d'améliorer ses résultats. La seule information dont il dispose est une critique sur son choix précédent (cette critique peut venir de l'environnement, d'une critique extérieure ou d'auto-évaluation). En fonction des récompenses ou punitions, il doit modifier ou non son comportement afin d'améliorer ses performances [JAYET, 2003].

Une des applications les plus connues de l'apprentissage par renforcement est sans doute celle proposée par *Gerald Tesauro* nommée TD-gammon [Gerald, 1994] qui est le meilleur logiciel actuel de backgammon, un jeu très difficile et mal traité par les techniques classiques.

5. La classification

Le problème de la classification est d'organiser un ensemble d'objets en classes homogènes. Une classe désigne un ensemble défini de données et d'objets semblables. Ces données et objets, éléments d'une classe, sont des instances.

Une classe peut se définir selon deux approches, à savoir [Bouveyron, 2006] :

- L'approche générative qui décrit la classe par les propriétés caractéristiques des objets qui appartiennent à celle-ci.
- L'approche discriminative qui décrit une classe par sa frontière avec ses voisines.

5.1. La notion de classifieur

Résoudre un problème de classification, c'est donc trouver une application de l'ensemble des objets à classer dans l'ensemble des classes. L'algorithme, ou la procédure qui réalise cette application, est appelé *classifieur* [Stoppiglia, 1997].

Parfois le problème de classification pourrait concerner des formes (par exemple des chiffres manuscrits, des visages, etc.) susceptibles d'appartenir à des catégories, ou classes différentes. Dans ce cas, le classifieur serait capable d'associer une classe à une forme inconnue qui lui est présentée.

5.2. Processus de classification automatique

D'une manière générale, la classification par apprentissage pourrait se décomposer en quatre principales étapes, à savoir [Stoppiglia, 1997] :

- 1ère **étape** : faire classer un échantillon d'individus par un expert ; cet échantillon est désigné par le nom de « base d'apprentissage ».
- 2ème **étape** : concevoir et mettre en œuvre un algorithme, appelé « classifieur » qui parvient à reproduire la classification de l'échantillon d'apprentissage.
- 3ème **étape** : évaluer la qualité du classifieur en l'appliquant à un ensemble d'individus classés par l'expert, mais qui n'ont pas été utilisés au cours de la phase d'apprentissage (cet ensemble est la base de test).
- 4ème **étape** : si le test est satisfaisant, appliquer la méthode de la deuxième étape à l'ensemble de la population à classer.

Ainsi, deux phases sont indispensables dans un processus de classification, à savoir la phase d'apprentissage et la phase de classification. Dans le cadre de notre travail, nous nous intéressons à la classification supervisée et nous présenterons tout au long de cette section une formalisation de ce problème, ainsi qu'une description des deux phases d'apprentissage et de classement.

5.2.1. Formalisation du problème

Le problème de la classification supervisée est exprimé par la donnée d'un *ensemble d'apprentissage* qui contient des exemples o_i (encore appelés tuples, objets, instances ou observations) décrits par un ensemble fini de propriétés a_j (encore appelées attributs ou descripteurs) et appartenant à une ou plusieurs classes y_i. L'ensemble d'apprentissage caractérise une certaine fonction f à déterminer.

L'ensemble d'apprentissage de taille $n \in \mathbb{N}$ est une suite de couples $(o_1, y_1), ..., (o_n, y_n)$ avec $y_i = f(o_i)$ pour $1 \leq i \leq n$. Chaque exemple o_i est représenté par un vecteur $(o_{i_1}, ..., o_{i_m})$ où o_{i_j} est la valeur de o_i pour la propriété a_j de l'ensemble des attributs A. Cette valeur peut être *numérique* ou *symbolique*. Les y_i indiquent la classe des exemples o_i, correspondant aux valeurs d'une propriété particulière a_j, et prennent un nombre fini de valeurs symboliques [MEPHU NGUIFO, et al., 2005].

Les deux sections suivantes décrivent respectivement la phase d'apprentissage et de classement dans la problématique d'apprentissage supervisé.

5.2.2. Phase d'apprentissage

La phase d'apprentissage consiste à construire un modèle (ou classifieur) $\hat{f}$, qui approxime au mieux la fonction f à partir d'un ensemble d'exemples sélectionnés de manière aléatoire dans l'ensemble d'apprentissage. Dans le cas où l'on a plusieurs classes, on parle d'apprentissage multi-classes. Si le système de classification ne peut traiter qu'une seule classe, le mode opératoire dans le cas de plusieurs classes consistera à faire autant d'apprentissages qu'il y a de classes, où les instances positives sont celles de la classe apprise et les instances négatives sont les exemples des autres classes [MEPHU NGUIFO, et al., 2005].

5.2.3. Phase de classement

Dans la phase de classement le modèle appris $\hat{f}$ est utilisé pour affecter une classe à chaque nouvel exemple. Etant donné o_k, il s'agit de déterminer $\hat{y}_k = \hat{f}(o_k)$. Pour valider le modèle appris, un ensemble test contenant des exemples dont on connaît la classe y_i est utilisé. Le modèle commet une erreur lorsque $\hat{y}_k$ est différent de $y_k = f(o_k)$. Le modèle appris $\hat{f}$ approxime au mieux la fonction f lorsque le nombre d'erreurs calculé tend vers zéro. Ce qui revient à déterminer le taux d'erreur du modèle (taux d'erreur = 1 - taux de précision) qui exprime le pourcentage du nombre d'exemples mal classés par rapport au nombre total d'exemples [MEPHU NGUIFO, et al., 2005].

Si le modèle est validé sur l'ensemble test, alors il est utilisé pour classer les exemples dont on ne connaît pas la classe. La figure 3 illustre la mise en œuvre d'un classifieur.

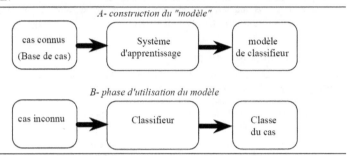

Figure 3 : Mise en œuvre d'un classifieur [Rialle, 1994]

Nous consacrons la section qui suit à la revue de littérature des principales méthodes de classification supervisée.

6. Méthodes de classification supervisée

Nombreuses sont les méthodes de classification qui ont été proposées par des statisticiens, des chercheurs en apprentissage automatique, en systèmes experts et en neurobiologie. Il existe donc plusieurs techniques de classification de données qui peuvent être réparties sur quatre familles, à savoir : l'approche bayésienne, l'approche connexionniste (réseaux neuronaux), l'induction d'arbres de décision et l'apprentissage à partir d'instances [MEPHU NGUIFO, 2001].

Nous survolons dans ce qui suit les différentes approches en décrivant pour chacune la phase d'apprentissage et de classement.

6.1. L'approche bayésienne

Pour aborder cette approche, nous commençons par rappeler le théorème et la formule de Bayes [Bayes, 1763].

Théorème 1 *Théorème de Bayes [Bayes, 1763]*

Soient deux événements A et B. La probabilité a posteriori de l'événement A sachant la réalisation de l'événement B est :

$$P(A/B) = \frac{P(A \cap B)}{P(B)}$$

De même, la probabilité a posteriori de l'événement B sachant la réalisation de l'événement A est :

$$P(B/A) = \frac{P(B \cap A)}{P(A)}$$

On en déduit des deux formules précédentes que la probabilité conjointe des événements A et B est :

$$P(A \cap B) = P(B/A) \times P(A)$$

Définition 1 *Formule de Bayes*

La probabilité a posteriori de l'événement A sachant la réalisation de l'événement B est :

$$P(A/B) = \frac{P(A) \times P(B/A)}{P(B)}$$

Le théorème de Bayes fournit un cadre théorique pour la problématique de la classification. Si l'on considère un problème de classification, le théorème de Bayes permet de calculer les probabilités a posteriori, connaissant les distributions des observations. Le meilleur classifieur qui se base sur la théorie de Bayes est sans doute le *réseau Bayésien* [Pearl, 1985] que nous présentons dans ce qui suit.

Un réseau Bayésien [Pearl, 1985] peut être vu comme un système expert probabiliste permettant de représenter des connaissances incertaines et d'inférer à partir des faits connus.

Concrètement, le réseau bayésien est constitué de deux composantes, à savoir [Balmisse, 2002] :

i. **Un graphe causal :** qui est un graphe orienté et acyclique dont les nœuds sont des variables d'intérêts du domaine et les arcs sont les relations de dépendance entre ces variables. L'ensemble des nœuds et des arcs forment ce que l'on appelle la structure du réseau Bayésien. C'est la représentation qualitative de la connaissance.

ii. **Un ensemble de distributions locales de probabilité :** qui sont les paramètres du réseau. Pour chaque nœud on dispose d'une table de probabilité $P\big(variable/parents(variable)\big)$ qui représente la distribution locale de probabilité. Il faut remarquer que chaque nœud ne dépend que de l'état de ses parents. Il s'agit de la représentation quantitative de la connaissance.

Comme la majorité des systèmes de classification, la classification avec le réseau Bayésien comporte les deux phases d'apprentissage et de classement que nous présentons dans les sections suivantes.

6.1.1. La phase d'apprentissage

L'apprentissage d'un réseau bayésien comprend deux étapes : la construction du graphe de liens et l'identification des distributions conditionnelles en chaque nœud.

Les réseaux Bayésiens permettent de combiner la connaissance d'experts avec la connaissance extraite à partir de données. Les experts peuvent par exemple déterminer les dépendances entre les variables alors qu'un apprentissage automatique permettra de déterminer la distribution de probabilité associée à chaque variable.

Nous notons qu'il ne s'agit ici que d'un exemple, car il est tout à fait envisageable que des experts définissent entièrement un réseau Bayésien, graphe et distribution de la probabilité. Ces deux éléments peuvent même être construits automatiquement par apprentissage du système [Balmisse, 2002].

6.1.2. La phase de classement

L'utilisation des réseaux Bayésiens pour la classification repose sur la propagation de l'information au sein du réseau, c'est-à-dire des calculs de probabilités, c'est ce qu'on appelle l'*inférence Bayésienne*. Celle-ci représente une démarche logique permettant de calculer ou de réviser la probabilité d'une hypothèse. Cette démarche est régie par l'utilisation de règles strictes de combinaison des probabilités, desquelles dérive le théorème de Bayes [Bayes, 1763].

Les réseaux Bayésiens présentent de grands atouts applicatifs. D'une part, ils permettent de prendre en compte à la fois des données et des connaissances partielles lors de l'apprentissage. D'autre part, ils permettent une inférence non directionnelle. Autrement dit, comme les variables jouent des rôles semblables, il est possible de renseigner les variables connues quelles qu'elles soient, pour en déduire la distribution de probabilité sur les valeurs des autres variables.

Voici un exemple simpliste d'un réseau bayésien [Kersting, et al., 2001].

Exemple 1 *Le réseau provient d'un exemple de diagnostic de la « Dyspnée Asia » (voir figure 4), qui a été introduit dans [Lauritzen, et al., 1988]. Les huit nœuds sont binaires. Nous pouvons noter que l'arc entre le nœud (Visite en Asie) et le nœud (Tuberculose) nous informe que le fait d'avoir séjourné en Asie modifie le risque d'avoir contracté une tuberculose.*

6.2. Les arbres de décision

L'apprentissage d'arbres de décision est une des méthodes les plus utilisées en apprentissage inductif. Les premiers algorithmes proposés, quasi simultanément, l'un par des statisticiens, l'autre par un informaticien, furent respectivement CART [Breiman, et al., 1984] et ID3 [QUINLAN, 1986]. ID3 a évolué depuis sa création pour donner C4.5 [QUINLAN, 1993].

Les algorithmes d'apprentissage basés sur un raisonnement par induction réduisent le problème de l'apprentissage d'un ensemble de concepts à celui du choix d'un ensemble de tests permettant de diviser l'ensemble d'apprentissage en parties (ou classes) ne contenant que des instances d'un même concept. Ils construisent pour cela un arbre, appelé *arbre de décision*.

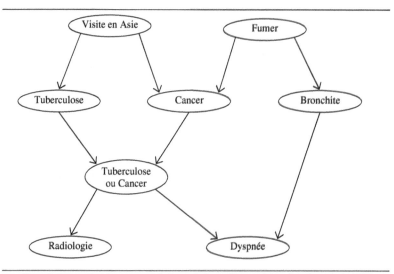

Figure 4 : Réseau Bayésien provenant de l'exemple de la « Dyspnée Asia » [Lauritzen, et al., 1988]

En effet, étant donné un ensemble disjoint de classes, un arbre de décision est une structure récursive permettant d'exprimer le processus de classification séquentielle par lequel un "objet", décrit par un ensemble de propriétés, est assigné à l'une de ces classes.

6.2.1. La phase d'apprentissage

L'objectif de l'*induction* automatique est la production d'arbres et règles de décisions à partir d'exemples de situations.

Les algorithmes d'induction automatique sont relativement nombreux et peuvent être classés en plusieurs "familles". Parmi celles-ci, la plus utilisée actuellement est la famille TDIDT (Top-Down Induction of Decision Trees) [Rialle, 1994]. Un algorithme de cette famille permet de construire un arbre de décision optimal dont les nœuds sont les propriétés, les arcs représentant les valeurs prises par les nœuds, et les feuilles les diagnostics. Le choix de chacune des variables constituant les divers nœuds de l'arbre repose sur un critère de coût ou de bénéfice tel que la diminution d'entropie de l'information ou encore la maximisation du test du χ^2 avec la variable "classe".

L'arbre une fois construit est utilisé pour classer des cas décrits selon le même ensemble de propriétés. Il suffit alors, pour un cas donné, de rechercher dans l'arbre le chemin qui le décrit et d'en déduire sa classe.

6.2.2. La phase de classement

Lorsqu'il s'agit du processus de classification, deux méthodes de classement existent en cas d'utilisation d'un arbre de décision, à savoir [MEPHU NGUIFO, 2001] :

1ère méthode : l'arrangement d'un objet à classer s'effectue à travers le parcours de tout l'arbre de la racine jusqu'à l'une de ses feuilles.

La classe attribuée à l'objet est celle qui correspond aux instances contenues dans la feuille qui a marqué la fin du parcours.

2ème méthode : d'abord l'arbre est transformé en un ensemble de règles. Ces règles sont ensuite généralisées avant d'être appliquées.

Chaque branche est transformée en une règle dont la prémisse est constituée par la conjonction des différents couples (attribut/valeur) sélectionnés pour les nœuds qui se sont apparus dans la branche. La conclusion de la règle obtenue est la classe des éléments de la feuille à laquelle aboutit la branche. Un élagage des prémisses des règles aide à la généralisation. Finalement une instance est classée en lui appliquant la première règle dont il vérifie la prémisse.

6.3. L'approche connexionniste

Appelée aussi approche neuronale, elle est basée sur les réseaux neuronaux. Le succès rencontré par ces derniers est essentiellement dû à leurs capacités de traiter, aussi bien en entrée qu'en sortie, des descripteurs numériques, discrets ou mixtes.

De plus, les sorties d'un réseau de neurones peuvent être multiples. Ces deux propriétés traduisent un réel besoin des données industrielles, d'où le succès rencontré par cette méthode.

A titre d'exemple de systèmes industriels complexes utilisant les réseaux de neurones en collaboration avec d'autres techniques, nous pouvons citer la poste française qui utilise des machines de tri automatique disposant de réseaux de neurones pour la reconnaissance du code postal [Dreyfus, et al., 2004].

Les réseaux de neurones sont utilisés aussi industriellement pour la lecture automatique du montant écrit en toutes lettres sur les chèques bancaires et postaux [KNERR, et al., 1996].

6.3.1. Fonctionnement des réseaux de neurones

Les approches connexionnistes sont inspirées des études de l'architecture du cerveau. Les connaissances sont représentées dans les réseaux connexionnistes par des liaisons entre des neurones artificiels (unités) et leurs poids synaptiques, et ce, en se référant aux structures formant le cerveau humain telles que les neurones interconnectés et leurs liens synaptiques. Le fonctionnement individuel des neurones est assez simple ; il est analogue à un petit relais électrique. Notons cependant que le fonctionnement des neurones biologiques est beaucoup plus sophistiqué [Santos Osório, 1998].

Dans cette approche, toutes les connaissances sont représentées par des liaisons entre les unités (neurones artificiels) et leurs poids synaptiques (valeurs) associés.

Les propriétés des neurones et les valeurs des liaisons définissent les réseaux de neurones [Meier, 2004].

Les réseaux de neurones artificiels essayent d'imiter le raisonnement des réseaux de neurones biologiques et leur manière d'interagir pour effectuer des calculs complexes. La figure 5 présente la structure d'un réseau connexionniste.

Le codage des connaissances dans ce type de réseaux n'est pas facile à interpréter puisque ce dernier est axé sur la structure du réseau et les poids des interconnexions.

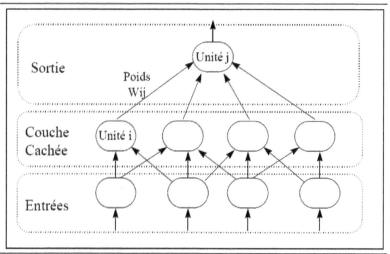

Figure 5 : Structure d'un réseau connexionniste [Santos Osório, 1998]

6.3.2. La phase d'apprentissage

Définition 2 *« On appelle apprentissage des réseaux de neurones la procédure qui consiste à estimer les paramètres des neurones du réseau, afin que celui-ci remplisse au mieux la tâche qui lui est affectée. »* [Dreyfus, et al., 2004]

L'apprentissage dans les réseaux connexionnistes est réalisé à partir d'un ensemble d'apprentissage sur la base duquel ceux-ci ajustent les poids des connexions. Il nécessite donc des données suffisamment nombreuses et représentatives.

L'apprentissage du réseau peut être implémenté par différentes méthodes en fonction du type de *règle d'apprentissage* sélectionné. Les règles d'apprentissage les plus utilisées sont [Santos Osório, 1998] :

- Les méthodes de correction d'erreur, telles que la descente de gradient sur une surface d'erreur, Adaline, Perceptron, Rétro-propagation, Cascade-Correlation;
- Les méthodes d'apprentissage par renforcement telles que AHC, ARC;

- Les méthodes d'apprentissage par compétition ou par auto-organisation, telles que Kohonen Feature Map, ART1;
- Les méthodes d'apprentissage par création de prototypes ou de noyaux, telles que RBF, ART1, ARN2;
- Les méthodes d'apprentissage basées sur des mémoires associatives (auto-associatives ou hétéro-associative, telles que Modèle de Hopfield, BAM;
- Les méthodes d'apprentissage temporel (réseaux récurrents), telles que SRN, BPTT, RTRL.

6.3.3. La phase de classement

La phase de classification connexionniste consiste à inférer les valeurs des attributs de la nouvelle instance à classer dans les entrées respectives du réseau de neurones, ensuite un processus de calcul complexe et en boîte noire permet de donner par la sortie du réseau la classe de la nouvelle instance.

Les progrès réalisés au niveau de la compréhension du fonctionnement des réseaux de neurones ont fait que ces derniers peuvent aller jusqu'à estimer la probabilité d'appartenance de l'objet inconnu à chacune des classes, ce qui leur permet notamment de s'intégrer dans des systèmes de reconnaissance complexes qui utilisent plusieurs systèmes de classification différents [Dreyfus, et al., 2004].

6.4. Apprentissage à partir d'instances

Dans cette section nous allons présenter la méthode des plus proches voisins. Cette méthode est largement utilisée dans les systèmes d'apprentissage et constitue un exemple caractéristique de l'apprentissage à partir d'instances [NJIWOUA, 2000].

La méthode des k plus proches voisins (k-PPV) a été développée dans un premier temps en reconnaissance des formes. Elle est aujourd'hui utilisée dans plusieurs domaines de l'IA. C'est un cas particulier mais représentatif de l'apprentissage à partir d'instances. Cette méthode est généralement employée à cause de la simplicité de sa mise en œuvre et des bons résultats qu'elle a permis d'obtenir dans diverses applications. Elle ne nécessite aucune hypothèse a priori sur les classes représentées dans l'ensemble d'apprentissage [NJIWOUA, 2000].

6.4.1. La phase d'apprentissage

L'avantage avec la méthode des k-PPV et avec toutes les méthodes d'apprentissage à partir d'instances est le fait de la quasi-absence de la phase d'apprentissage. En effet, les méthodes appartenant à cette approche ne construisent aucun modèle lors de la phase d'apprentissage. Ceci peut aussi être considéré comme un défaut à cause de la lourdeur de la phase de classement. En plus, puisqu'aucun modèle n'est construit lors de l'apprentissage, les résultats de prédiction ne peuvent pas être expliqués.

6.4.2. La phase de classement

Pour chaque nouvel exemple x à classer, il y a trois étapes successives à respecter, à savoir [NJIWOUA, 2000] :

1) Chercher les k plus proches voisins de x dans l'ensemble des instances.
2) Evaluer pour chaque classe du concept le nombre de ses représentants qui figurent parmi les voisins trouvés.
3) Affecter à x la classe majoritaire parmi ses plus proches voisins.

Un problème particulier à cette méthode est le choix de la valeur de k. En effet, il y a un compromis à trouver entre deux tendances divergentes :

• k doit être petit pour justifier la notion de proches voisins. Les voisins d'un exemple peuvent être ordonnés proportionnellement à leurs valeurs pour la mesure de similarité. Lorsque le nombre de voisins (k) pris en compte augmente, les plus grands parmi eux (pour l'ordre) ont de moins en moins de similarité avec l'exemple considéré.

• k doit être grand pour minimiser l'erreur de classement. La probabilité que la classe majoritaire parmi les instances soit la bonne pour l'exemple à classer, augmente avec k (qui indique la taille de l'échantillon).

Un autre problème vient du vote majoritaire effectué dans la phase de classement où chacune des k plus proches instances possède la même influence, indépendamment de sa proximité (ressemblance) avec l'exemple à classer [NJIWOUA, 2000].

7. Méthodes de classification à base de treillis de Galois

Les treillis de concepts formels (ou treillis de Galois) sont une structure mathématique permettant de représenter les classes non disjointes sous-jacentes à un ensemble d'objets (exemples, instances, tuples ou observations) décrits à partir d'un ensemble d'attributs (propriétés, descripteurs ou items). Ces classes non disjointes sont aussi appelées *concepts formels*, *hyper-rectangles* ou *ensembles fermés*. Une classe matérialise un concept (à savoir une idée générale que l'on a d'un objet). Ce concept peut être défini formellement par une extension (exemples du concept) ou par une intension (abstraction du concept) [MEPHU NGUIFO, et al., 2005].

Plusieurs méthodes de classification basées sur le treillis de concepts ont été développées et comparées à des méthodes standards couramment utilisées pour ce type de problème. Étant donné que, dans le cadre de notre travail, nous nous intéressons aux approches à base de treillis de Galois, nous présentons dans ce qui suit les fondements mathématiques de l'analyse formelle de concepts (AFC) qui représente le cadre théorique de ces approches. Dans la suite de cette section nous allons présenter une sélection des systèmes de classification à deux phases (apprentissage et classement) basées sur le treillis de concepts, à savoir : RULEARNER [SAHAMI, 1995], GRAND [OOSTHUIZEN, 1988], LEGAL [Liquière, et al., 1990], IGLUE [Njiwoua, et al., 1998], CIBLe [Njiwoua, et al., 1999] et CL_{NN} & CL_{NB} [XIE, et al., 2002].

7.1. Les fondements mathématiques de l'AFC

Dans cette section, nous présentons les notions mathématiques de base relatives à l'analyse formelle de concepts [Ganter, et al., 1999, Wille, 1982, Wille, 1989]. Nous proposons d'adopter les définitions de Ganter et Wille [Ganter, et al., 1999]. En effet, la notion de *treillis de Galois* ou *treillis de concepts* est à la base d'une famille de méthodes de classification conceptuelle [Wille, 1989]. Wille [Wille, 1982] propose de considérer chaque élément du treillis comme un *concept formel* et le graphe associé comme une relation de généralisation/spécialisation. Ainsi, cette hiérarchie de concepts met en évidence de façon exhaustive les regroupements potentiellement intéressants par rapport aux jeux de données.

7.1.1. Contexte et concept formels

Les caractéristiques d'un contexte formel sont définies comme suit [Ganter, et al., 1999] :

Définition 3 *Un contexte formel* $(O, A, \mathcal{R})$ *est un triplet, tels que* O *est un ensemble d'objets,* A *un ensemble de propriétés et* $\mathcal{R}$ *une relation binaire de* O *dans* A. *Le couple* $(o, a) \in \mathcal{R}$ *représente le fait que l'objet* o *possède la propriété* a.

Définition 4 *Étant donné deux ensembles* O_1 *et* A_1 *tels que* $O_1 \subset O$ *et* $A_1 \subset A$; *un concept formel* (O_1, A_1) *est une paire, tel que si* $O_1 \times A_1 \subseteq O_1' \times A_1' \subseteq \mathcal{R}$ *alors* $O_1 = O_1'$ *et* $A_1 = A_1'$. *Les ensembles* O_1 *et* A_1 *sont appelés respectivement, l'extension (domaine) et l'intention (co-domaine) du concept* (O_1, A_1).

Définition 5 *Un ensemble ordonné est un couple* $(M, \leq)$ *où* M *est un ensemble et* $\leq$ *une relation d'ordre (reflexive, antisymétrique et transitive) sur* M. *Un ensemble ordonné* $(M, \leq)$ *est un treillis ssi pour tout couple d'éléments* (x, y) *de* M *il existe un plus petit majorant (ou supremum)* $x \vee y$ *et un plus grand minorant (ou infimum)* $x \wedge y$.

Définition 6 *L'ensemble de tous les concepts formels du contexte formel* $(O, A, \mathcal{R})$ *est noté par* E_CF. *Une relation d'ordre, notée par* $\leq$, *est définie sur cet ensemble comme suit :* $(O_1, A_1) \leq (O_2, A_2) \Leftrightarrow O_1 \subseteq O_2 \Leftrightarrow A_2 \subseteq A_1$

Définition 7 *Soient* f *et* g *deux applications définies comme suit :*

- *À tout élément* o *de* O, *on associe* $f(o) = \{a \in A; (o, a) \in \mathcal{R}\}$;
- *À tout élément* a *de* A, *on associe* $g(a) = \{o \in O; (o, a) \in \mathcal{R}\}$.

Remarque 1 f *et* g *sont étendues respectivement aux parties de* O *et de* A *comme suit : soient* $O_1 \subseteq O$ *et* $A_1 \subseteq A$,

$$f(O_1) = \bigcap_{o \in O_1} f(o) \qquad g(A_1) = \bigcap_{a \in A_1} g(a)$$

Exemple 2 *Le tableau 1 illustre un contexte formel* $(O, A, \mathcal{R})$ *contenant dix objets* $\{1, ..., 10\}$ *décrits par cinq propriétés* $\{Composite, Carré, Paire, Impaire, Premier\}$. *Les objets représentent les nombres de 1 à 10 et les attributs représentent les propriétés de ces nombres. À partir de ce contexte formel, 12 concepts formels sont générés. La figure 6 à la page 22 présente le diagramme de Hasse [Ganter, et al., 1999] du treillis de Galois du contexte* $(O, A, \mathcal{R})$.

7.2. Le système RULEARNER

Sahami a proposé le système RULEARNER [SAHAMI, 1995] qui utilise le treillis de concepts sur les données pour organiser et orienter la recherche de règles de classification.

Pour la construction du treillis, RULEARNER utilise l'algorithme d'Oosthuizen [OOSTHUIZEN, 1991] pour la construction du treillis de concepts. Il nécessite donc d'engendrer complètement le treillis de Galois de l'ensemble d'apprentissage pour débuter la génération de règles [MEPHU NGUIFO, et al., 2005].

$\mathcal{R}$	Composite (Co.)	Carré (Ca.)	Paire (P.)	Impaire (I.)	Premier (Pr.)
1				×	×
2		×			×
3				×	×
4	×	×	×		
5				×	×
6	×		×		
7				×	×
8	×		×		
9	×	×		×	
10	×		×		

Tableau 1 : Exemple de contexte formel $(O, A, \mathcal{R})$

7.2.1. Principe général

Ce système construit dans sa phase d'apprentissage un ensemble minimal de règles qui recouvrent les nœuds-exemples du treillis. Un paramètre de généralisation noté N, qui indique le pourcentage d'erreurs autorisées pour chaque règle, est fixé par l'utilisateur.

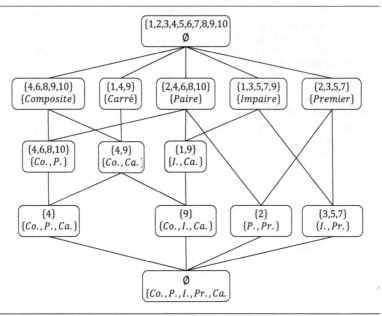

Figure 6 : Diagramme de Hasse du contexte formel $(O, A, \mathcal{R})$

Définition 8 *Un concept est dit positif (resp. négatif) si le pourcentage des exemples négatifs (resp. positifs) couverts par le concept est au dessus de N. Sinon le concept est dit mixte, puisqu'il ne peut être étiqueté [MEPHU NGUIFO, et al., 2005].*

7.2.2. Apprentissage et classement

L'objectif final de la phase d'apprentissage de RULEARNER est de générer un ensemble de règles de classification qui seront utilisées lors du classement. L'algorithme de génération de ces règles est présenté dans l'algorithme 1 (voir page 23). Cet algorithme est décrit dans [MEPHU NGUIFO, et al., 2005] comme suit :

Au départ, tous les concepts sont considérés comme « actifs » (ligne 1). Ensuite, l'algorithme associe à chaque concept du treillis un label représentant sa classe ou la valeur « mixte » en fonction du paramètre de bruit N (ligne 2). À chaque étape, une règle est générée à partir du treillis. Le système sélectionne le concept actif non mixte qui recouvre le plus d'objets (ligne 4). S'il en existe plusieurs, il choisit celui ayant la plus petite intension. La règle ayant pour antécédent l'intension du concept sélectionné et par conséquent la classe des exemples couverts est générée.

Les concepts dont tous les objets sont couverts par au moins une des règles générées sont marqués comme « inactifs » (lignes 8 à 16). La prochaine étape consiste à rechercher des règles pour l'ensemble des objets non couverts par la nouvelle règle.

Le programme s'arrête lorsque tous les concepts du treillis sont « inactifs ». L'ensemble des règles obtenues forme une partition de l'ensemble d'apprentissage.

RULEARNER va générer un ensemble ordonné (liste de décision) ou non ordonné de règles de classification suivant le choix de l'utilisateur (lignes 17 à 20).

Entrées :

TG : Treillis de Galois

C : Les concepts du treillis

N : pourcentage d'erreurs tolérées

DEBUT

1)   *Initialiser tous les concepts du treillis TG comme « actif »*
2)   *Etiqueter tous les concepts avec leur classe*

3)   *TANT QUE (il existe encore des nœuds actifs) FAIRE*

4) $C_i \leftarrow$ *concept non mixte avec le plus d'exemples*
5) $A_i \leftarrow$ *nœuds − attributs de SurCon(C_i)*
6)   *label ← étiquette du concept C_i*
7)   *Produire la règle :* $\langle A_i \Rightarrow label \rangle$

8)   *POUR TOUT ($C_k \in SousCon(C_i)$ où C_k est un noeud − exemple) FAIRE*
9)   *POUR TOUT* $\left(C_j \in SurCon(C_k) \right)$
10)   *Couverture(C_j) = Couverture(C_j) − 1*
11)   *SI (Couverture(C_j) ≤ 0) ALORS*
12)   *Marquer C_j comme « Inactif »*
13)   *FIN SI*
14)   *FIN POUR*
15)   *Marquer C_k comme « Inactif »*
16)   *FIN POUR*

17)   *SI (option « Liste de décision » choisie) ALORS*
18)   *Re-étiqueter les concepts actifs en fonction des noeuds-exemple encore actifs*
19)   *FIN SI*

20) *FIN TANT QUE*

FIN

Algorithme 1 : Génération des règles par RULEARNER

Quant au classement, RULEARNER opère selon la nature (ordonnée ou non) de la liste des règles. Son comportement est le suivant :

- Avec une liste ordonnée, il applique les règles en respectant l'ordre sur les antécédents. La première règle vérifiée par l'objet est utilisée pour déterminer sa classe.

• Avec une liste non ordonnée, il utilise un système de vote pour déterminer la classe d'un nouvel objet.

7.3. Le système GRAND

GRAND est l'acronyme de « GRAph-based iNDuction ». Ce système est développé par Oosthuizen qui le décrit dans [OOSTHUIZEN, 1988] comme étant adapté à l'apprentissage supervisé et non supervisé.

7.3.1. Principe général

GRAND construit un pseudo-treillis d'exemples-attributs qui contient l'ensemble des généralisations les plus spécifiques de l'espace des versions. Tous les concepts du treillis complet sont présents dans le pseudo-treillis, à l'exception du supremum ou de l'infimum, si chacun d'eux correspond à l'ensemble vide. Certains nœuds sont rajoutés, tels que les nœuds-attributs et les nœuds-exemples. La classe des exemples est un attribut comme les autres. Oosthuizen représente un nœud uniquement par son intension. Il considère alors trois types de nœuds :

1) Les *nœuds-attributs*, qui sont des éléments de A. Le nœud correspondant est le plus général contenant l'attribut considéré.

2) Les *nœuds-exemples*, qui sont des éléments de O. Le nœud correspondant est le plus spécifique contenant l'exemple considéré.

3) Les *nœuds-intermédiaires ou concepts*. Un nœud intermédiaire hérite des attributs de tous ses majorants (ascendants) et des exemples de tous ses minorants (descendants).

7.3.2. Apprentissage et classement

La phase d'apprentissage consiste d'abord à construire un *pseudo-treillis*. Notons que l'algorithme de construction de ce treillis est incrémental. Il s'agit d'une procédure de mise à jour qui opère de la façon suivante :

Chaque nouvel exemple est comparé explicitement à l'ensemble des exemples déjà insérés dans le pseudo-treillis. Pour chaque nouvel exemple O_{k+1}: considéré, des connexions sont établies ou mises à jour. Pour des raisons de simplicité, l'algorithme présenté dans [MEPHU NGUIFO, et al., 2005] ne traite pas cette mise à jour. Cet algorithme (voir algorithme 2 page 26) opère en trois étapes, à savoir :

1) Un nœud-exemple correspondant à O_{k+1} est créé (ligne 1). Ce nœud est ensuite relié à l'ensemble des attributs de O_{k+1} (ligne 2).

2) Pour chaque nœud déjà présent dans TG qui a au moins un attribut en commun avec O_{k+1}, insérer un nœud correspondant aux attributs communs et créer les liens entre nœuds (lignes 5 à 11).

3) Eliminer les connexions redondantes (ligne 12).

Quant au classement, GRAND opère de la façon suivante : pour chaque exemple à classer, il choisit d'appliquer les règles les plus spécifiques pour cet exemple. Un vote majoritaire peut être effectué sur l'ensemble des règles vérifiées par l'objet à classer, mais *Oosthuizen* conseille (de façon empirique sur la base des expérimentations effectuées) de restreindre ce vote aux trois meilleures règles (les plus spécifiques pour l'objet). [MEPHU NGUIFO, et al., 2005]

Remarque : Il est aussi possible de préciser le nombre minimum d'exemples que doit couvrir un nœud pour être utilisé dans la phase de classement.

7.4. Le système LEGAL

LEGAL (Learning with Galois Lattice), proposé par Liquière et Mephu Nguifo [Liquière, et al., 1990], est un système de classification basé sur le treillis de Galois qui se limite à la reconnaissance d'une classe décrite par des exemples positifs et des exemples négatifs.

Il présente la caractéristique intéressante de se restreindre à la construction d'un sup-demi treillis, ce qui à priori le système le moins gourmand en ressources parmi ceux qui utilisent cette approche [MEPHU NGUIFO, 2001].

Entrées :

TG^k : *Pseudo-treillis* à mettre à jour

O_{k+1} : Nouvel exemple à ajouter à TG

DEBUT

1) $TG^{k+1} \leftarrow TG^k \cup \{O_{k+1}\}$

2) *Relier* O_{k+1} *avec les* noeuds-attributs *qu'il possède*

3) $A_{k+1} \leftarrow \{a_l$ *communs à* O_{k+1} *et aux éléments de* $TG^k \}$

4) $O_{k+1} \leftarrow \{TG^k$ *moins les* noeuds-attributs $\}$

5) *TANT QUE* $(A_{k+1} \neq \emptyset)$ *FAIRE*

6)   *Choisir* O_l *dans* C_{k+1} *tel que* $\left| f_{A_{k+1}}(O_{k+1}) \bigcap f_{A_{k+1}}(O_l) \right|$ *soit le plus élevé*

7)   *Créer dans* TG^{k+1} *le noeud c dont l'intension est* $\left\{ f_{A_{k+1}}(O_{k+1}) \bigcap f_{A_{k+1}}(O_l) \right\}$

8) $TG^{k+1} \leftarrow TG^{k+1} \cup c$

9)   *Relier le noeud c aux autres noeuds de* TG^{k+1}

10)   *Retirer* $f_{A_{k+1}}(O_l)$ *de* A_{k+1}

11) *FIN TANT QUE*

12) *Eliminer les connexions redondantes*

FIN

7.4.1. Principe général

Le processus d'apprentissage de LEGAL consiste à construire un ensemble ordonné d'hypothèses. LEGAL utilise une méthode de généralisation descendante basée sur le treillis de Galois. Le concept à apprendre est représenté par le contexte (O, A, I) où O regroupe l'ensemble des exemples positifs (O^+) et l'ensemble des exemples négatifs ou contre-exemples (O^-). Le système utilise deux paramètres α et β qui sont respectivement les critères de *validité* et de *quasi-cohérence*. Les notions de validité (ou complétude) et de quasi-cohérence (ou correction) pour les hypothèses et les nœuds sont introduites dans [MEPHU NGUIFO, 2001] comme suit :

- *La Validité* : Une hypothèse est dite valide (ou suffisamment complète), si elle est vérifiée par « assez » d'exemples positifs. Soit V l'ensemble des hypothèses valides : $V = \left\{ Y \subseteq A \, t. \, q \, \exists \{A_1, O_1\} \in L, Y = A_1 \text{ et } \frac{|O_1 \bigcap O^+|}{|O^+|} \geq \alpha \right\}$.

- *La quasi-cohérence* : Une hypothèse est dite *quasi-cohérente* (ou suffisamment correcte) si elle est vérifiée par « peu » de contre-exemples. Soit C l'ensemble des hypothèses quasi-cohérentes : $C = \left\{ Y \subseteq A \, t. \, q \, \exists \{A_1, O_1\} \in L, Y = A_1 \text{ et } \frac{|O_1 \cap O^-|}{|O^-|} \leq \beta \right\}$.

- *La pertinence* : Une hypothèse est dite pertinente si elle est à la fois valide et quasi-cohérente. Soit P l'ensemble des hypothèses pertinentes : $P = C \cap V$

7.4.2. Apprentissage et classement

Lors de l'apprentissage, LEGAL construit uniquement le sup-demi treillis des nœuds valides. Cette restriction se justifie par le fait que les nœuds situés plus bas dans le treillis sont trop spécifiques. Ils sont donc moins adaptés à la généralisation et conduisent plutôt le système à faire du sur-apprentissage [MEPHU NGUIFO, 2001].

LEGAL utilise une version modifiée de l'algorithme de Bordat [Bordat, 1986] dans laquelle, à chaque étape, seuls les nœuds valides sont conservés dans le treillis et font l'objet d'une spécialisation à l'étape suivante. Le programme s'arrête lorsqu'aucun des nœuds générés à l'étape précédente n'est valide. La construction du treillis se fait par niveaux [MEPHU NGUIFO, et al., 2005].

Quant au classement, LEGAL effectue un vote majoritaire parmi l'ensemble P des hypothèses pertinentes vérifiées par l'objet à classer. Soit o_l un objet, P_l est le sous-ensemble d'hypothèses pertinentes que vérifie o_l.

Considérant les seuils de justification et de réfutation (*resp. λ et γ*) proposés par LEGAL, la décision de la classe de l'instance à classer est comme suit :

- o_l est un exemple positif si $|P_l|/|P| \geq \lambda$, en d'autres termes, si o_l vérifie *suffisamment* d'hypothèses pertinentes alors o_l est *justifié*.
- o_l est un exemple négatif si $|P_l|/|P| < \gamma$, en d'autres termes, si o_l ne vérifie pas « assez » d'hypothèses pertinentes alors o_l est *réfuté*.
- Sinon o_l est ambigu et le système est silencieux.

7.5. Les systèmes IGLUE et CIBLe

IGLUE [Njiwoua, et al., 1998] et CIBLe [Njiwoua, et al., 1999] sont deux systèmes de classification qui combinent une approche d'apprentissage inductive basée sur le treillis de concepts et une approche de plus proches voisins. L'objectif étant d'utiliser au mieux les avantages de chacune d'elles sans trop souffrir de leurs limitations respectives. Les techniques de plus proches voisins permettent d'affiner la méthode de classement des exemples.

7.5.1. Principe général

Les deux systèmes fonctionnent en trois étapes successives. Dans un premier temps, le sup-demi treillis de concepts est construit, puis la méthode de redescription numérique des exemples décrite dans [MEPHU NGUIFO, 2001] est appliquée, et finalement la technique du plus proche voisin permet de classer les nouveaux éléments en se basant sur la notion de similarité.

Bien que les deux systèmes IGLUE et CIBLe diffèrent sur certains aspects (traitement des contextes multivalués et multi-classes, traitement des données hybrides, sélection d'exemples représentatifs, etc.) [MEPHU NGUIFO, 2001], l'idée maitresse reste la même. Pour cela, nous présenterons dans la section suivante le fonctionnement général des phases d'apprentissage et de classement des deux systèmes.

7.5.2. Apprentissage et classement

La phase d'apprentissage commence par la construction d'un sup-demi treillis en adoptant une stratégie descendante et en largeur d'abord. L'algorithme d'induction ainsi utilisé est une version modifiée de celui proposé par Bordat[Bordat, 1986]. La construction de demi-treillis s'arrête lorsque tous les nœuds du niveau h ont été obtenus ou lorsqu'il n'ya plus de nœuds à spécialiser [MEPHU NGUIFO, 2001].

Une fois le treillis construit, on procède à la phase de sélection des nœuds pertinents. Cette sélection se fait pendant la construction du treillis pour le système IGLUE et après la construction du treillis pour le système CIBLe. Cette phase est opérée à l'aide d'une fonction appelée *Selection* () et par rapport à un seuil T. Trois fonctions sont disponibles pour chacun des deux systèmes, à savoir l'entropie [QUINLAN, 1986] et l'entropie améliorée [Hutchinson, 1994] qui doivent être minimisées, et la loi de succession de Laplace [Clark, et al., 1991] qui doit être maximisée.

7.6. Les systèmes CL_{NN} & CL_{NB}

Dans le cadre de notre travail, la contribution que nous proposons plus loin dans le rapport s'inspire de l'approche de Xie [XIE, et al., 2002]. Pour ce, nous détaillons dans ce qui suit son principe ainsi que ses points forts et ses limites.

L'approche de Xie [XIE, et al., 2002] consiste au fait en deux algorithmes qui se nomment CL_{NB} (Concept Lattices Naïve Bayes) et CL_{NN} (Concept Lattices Nearest Neighbors). Ces deux systèmes incorporent respectivement un classifieur bayésien naïf [Duda, 1973] et un classifieur par plus proches voisins [Dasarathy, 1991] au sein des nœuds du treillis de concepts.

7.6.1. Principe général

L'idée directrice de cette approche est le fait d'associer à chaque concept du treillis vérifiant certaines contraintes de sélection un classifieur contextuel. L'apprentissage de chacun de ces classifieurs est effectué seulement sur l'extension du concept en question. Ensuite, lors du classement, on vérifie si la nouvelle instance à classer correspond bien à l'intension du concept alors on utilise le classifieur correspondant pour déterminer sa classe.

Il est à noter que les deux systèmes (CL_{NB} & CL_{NN}) reposent sur le même principe, tant en apprentissage qu'au classement. L'unique différence réside dans le choix du type du classifieur contextuel utilisé par chacun de ces deux classifieurs.

Le treillis de concepts est utilisé pour sélectionner le sous-ensemble d'instances qui sera utilisé par le classifieur contextuel lors de l'apprentissage et du classement [MEPHU NGUIFO, et al., 2005].

7.6.2. La phase d'apprentissage de l'approche de Xie

Les auteurs se contentent de préciser l'approche de construction du treillis qui est une approche descendante et ne donnent aucune précision sur l'algorithme utilisé pour cela. L'originalité de cet algorithme réside dans le fait qu'il permet de faire de l'élagage guidé par les données pendant la construction du treillis. Ainsi, il commence par le concept le plus général du treillis et génère ensuite les sous-concepts immédiats qui satisfont trois types de contraintes (support, précision et rejet). Il exécute ensuite récursivement ce processus avec les nouveaux concepts générés. Dans la section suivante nous allons présenter les différentes contraintes de sélection.

7.6.2.1. Les contraintes de sélection

L'approche de Xie utilise trois contraintes de sélection qui sont :

1) La contrainte de support

Cette contrainte peut être formalisée par les deux formules suivantes :

Soit O l'ensemble des instances d'apprentissage et A l'ensemble des attributs.

Pour chaque règle contextuelle $r_1 : H_1 \rightarrow CLS_1$ et $r_2 : H_2 \rightarrow CLS_2$ avec H_1 est un sur-concept de H_2 on a :

$$
\begin{cases}
\|Extension(H_1)\| \geq \alpha \times \|O\| \\
\|Extension(H_2)\| \geq \dfrac{\beta}{1 - pr\acute{e}cision(r_1)}
\end{cases}
$$

Cette contrainte utilise deux paramètres seuils α *et* β. Le premier (α) définit le pourcentage d'instances minimum par rapport à l'ensemble d'apprentissage que doit contenir un concept. Ce paramètre est fixé à 5% comme valeur par défaut.

Le second paramètre (β) définit le nombre d'instances minimum différentes qui doit exister entre un concept et un de ses sur-concepts. Il est à noter que ce nombre est inversement proportionnel au taux d'erreur du sur-concept de H_2 qui est calculé par l'expression $\{1 - pr\acute{e}cision(r_1)\}$. Ce paramètre est fixé à 3 comme valeur par défaut. Ainsi, avec cette contrainte, plus le taux d'erreur associé à un sur-concept est faible, plus le nombre d'instances différentes entre ce sur-concept et chacun de ses sous-concept doit être élevé.

2) La contrainte de précision

Cette contrainte garantit que le taux de précision associé à chaque concept est supérieur à celui d'un sur-concept augmenté d'un nombre calculé en fonction du nombre d'instances présentes dans chacun de ces deux concepts. Ce nombre est fixé à 0 comme valeur par défaut pour dire qu'un sous-concept doit avoir un taux de précision au moins égal à celui du sur-concept. Il est à noter que plus la valeur de ce nombre est petite et plus l'espace de recherche à explorer est grand.

Cette contrainte est formalisée par la formule suivante :

Pour chaque règle contextuelle $r_1 : H_1 \rightarrow CLS_1$ et $r_2 : H_2 \rightarrow CLS_2$ avec H_1 est un sur-concept de H_2 on a :

$$
pr\acute{e}cision(r_2) > pr\acute{e}cision(r_1) + \delta \times \log\left(\frac{\|Extension(H_1)\|}{\|Extension(H_2)\|}\right)
$$

3) La contrainte de rejet

Etant donné un concept et un de ses sur-concepts, si leurs nombres d'instances sont suffisamment proches, alors ce concept sera rejeté du treillis.

Cette contrainte peut être formalisée ainsi :

Pour chaque règle contextuelle $r_1 : H_1 \rightarrow CLS_1$ et $r_2 : H_2 \rightarrow CLS_2$ avec H_1 est un sur-concept de H_2 on a :

$$
\|Extension(H_2)\| \leq \gamma \times \|Extension(H_1)\|
$$

La valeur par défaut du seuil γ est fixée à 90%.

7.6.2.2. L'algorithme d'apprentissage de l'approche de Xie

Cet algorithme a pour sortie un ensemble de groupes de règles R_i, chacun de ces groupes contient les concepts ayant le même nombre d'attributs dans l'intension. Après avoir initialisé R_i en mettant tous les groupes de règles à l'ensemble vide (ligne 1), l'algorithme commence par ajouter la règle associée au sommet du treillis qui n'est autre que le concept $\{f(O), O\}$. Ainsi, juste à la suite de la deuxième ligne $R_{|f(O)|}$ serait égal à $\{\{f(O), O\} \Rightarrow \text{nil}\}$, i.e. le moment où aucun classifieur de base n'est associé à ce concept. Ensuite, l'algorithme parcourt chaque groupe des ensembles de règles en partant des groupes de concepts ayant 0 attributs dans l'intension jusqu'à ceux ayant $(|A| - 1)$ attributs. On en déduit que c'est un parcours descendant qui part du concept le plus général au concept le plus spécifique. Pour chaque règle r dans R_i, on vérifie si le concept satisfait les contraintes de support et de rejet, alors on va lancer l'apprentissage d'une nouvelle instance (CLS) du classifieur de base sur l'extension du concept. Ceci entraine la modification de la règle r de $C \Rightarrow \text{nil}$ à $C \Rightarrow CLS$. Ensuite, on vérifie si la règle r satisfait la contrainte de précision, alors on génère l'ensemble « SubCon » qui contient les sous-concepts du concept C. Chacun de ces sous-concepts (C_j) doit satisfaire la première contrainte de support pour que la règle : $C_j \Rightarrow \text{nil}$ soit rajoutée dans $R_{|Intension(c_j)|}$. Au cas où la règle r ne satisfait pas une des contraintes de support, de rejet ou de précision, elle est automatiquement supprimé de R_i.

DEBUT

1. $R_i \leftarrow \{\}, i = 0,1, \dots, |A|$
2. $R_{|f(O)|} \leftarrow R_{|f(O)|} \cup \{\{f(O), O\} \Rightarrow \text{nil}\}$
3. $POUR\ i = 0\ à\ |A| - 1\ FAIRE$
4. $POUR\ chaque\ règle\ r: C \Rightarrow \text{nil} \in R_i\ FAIRE$
5. $SI\ Support(r)\ et\ Rejet(r)\ ALORS$
6. $Lancer\ l'apprentissage\ d'un\ classifieur\ CLS\ sur\ Extension(H)$
7. $r: C \rightarrow CLS$
8. $Si\ Précision(r)\ ALORS$
9. $SubCon \leftarrow \Big\{\big(f\big(g(Intension(C) \cup \{a_k\})\big), g(Intension(C) \cup a_k)\big)$
                        $pour\ tout\ a_k \in A - Intension(C)\Big\}$
10. $POUR\ chaque\ sous\text{-}concept\ C_j \in SousCon$
                        $tel\ que\ |Extension(C_j)| \geq \alpha \times |O|\ FAIRE$
11. $R_{|Intension(c_j)|} \leftarrow R_{|Intension(c_j)|} \cup \{C_j \Rightarrow \text{nil}\}$
12. $FIN\ POUR$
13. $SINON$
14. $Enlever\ r\ de\ R_i\ et\ le\ supprimer$
15. $FIN\ SI$
16. $SINON$
17. $Enlever\ r\ de\ R_i\ et\ le\ supprimer$
18. $FIN\ SI$
19. $FIN\ POUR$
20. $FIN\ POUR$

FIN

Algorithme 3 : Algorithme d'apprentissage de l'approche de Xie [XIE, et al., 2002]

7.6.3. La phase de classement de l'approche de Xie

Nous présentons dans ce qui suit la phase de classement des nouvelles instances relative à l'approche de Xie.

7.6.3.1. Principe et processus de classement

Pour le classement, cette approche utilise la technique du vote majoritaire parmi l'ensemble de classifieurs incorporés dans le treillis.

Ainsi, la phase de classement peut être décomposée en quatre étapes, à savoir :

a) Marquer les classifieurs contextuels comme étant activés, si l'instance à classer vérifie la règle associée à chacun de ces classifieurs.

b) Etant données deux règles activées, $r_1: C_1 \Rightarrow CLS_1$ et $r_2: C_2 \Rightarrow CLS_2$, désactiver r_1 si $Intension(C_1) \subseteq Intension(C_2)$

c) La mesure χ_2 est utilisée lors de cette étape pour vérifier si une règle r_2 a un taux de précision qui est statistiquement supérieur à celui de r_1, dans ce cas la règle r_1 est désactivée.

d) Une fois les classifieurs pertinents activés, on passe à l'étape du vote, qui consiste à faire un vote majoritaire parmi les classifieurs contextuels. Ce vote concerne le résultat de la classification de la nouvelle instance par les différents classifieurs. En cas d'égalité, choisir le classifieur qui fournit la précision maximale.

7.6.3.2. L'algorithme de classement de l'approche de Xie

Soit x la nouvelle instance à classer.

```
DEBUT
1.   R_activées ← {r: C → CLS|r ∈ R et Intension(C) ⊆ x}
2.   POUR chaque règle contextuelle r₁: C₁ → CLS₁ ∈ R_activées FAIRE
3.       SI ∃r₂: C₂ → CLS₂ ∈ R_activées avec Intension(C₁) ⊆ Intension(C₂) ALORS
4.           retirer r₁ de R_activées
5.       FIN SI
6.       SI ∃r₂: C₂ → CLS₂ ∈ R_activées avec r₂ statistiquement plus précise que r₁ ALORS
7.           retirer r₁ de R_activées
8.       FIN SI
9.   FIN POUR
10.  nb[i] = 0 pour chaque classe i
11.  nb[r₁(x)] = nb[r₁(x)] + 1 pour chaque règle contextuelle r₁ ∈ R_activées
12.  soit meilleur = max{count[i]} et décisions = {i|count[i] = meilleur}
13.  SI |décisions| = 1 ALORS
14.      retourner décisions[0] comme classe prédite de x
15.  SINON
16.      Soit r₁ la règle contextuelle avec la précision maximale dans {r ∈ R_activées|r(x) ∈ décisions}
17.      retourner r₁(x) comme classe prédite de x
18.  FIN SI
FIN
```

Algorithme 4 : Algorithme de classification de l'approche de Xie[XIE, et al., 2002]

L'algorithme commence par initialiser $R_{activées}$ avec l'ensemble des règles contextuelles activées et dont l'intension du concept associé est incluse dans l'instance à classer x (Etape a). Ensuite, on parcourt toutes les règles contextuelles $r_1: C_1 \to CLS_1$

appartenant à $R_{activées}$ (ligne 2). Soit $r_2: C_2 \to CLS_2$, retirer r_1 si une de ces conditions est satisfaite :

- $Intension(C_1) \subseteq Intension(C_2)$ (Etape b)
- *Ou r_2 statistiquement plus précise que r_1* (Etape c)

A partir de la ligne 10, l'algorithme traite l'étape (d) qui consiste à faire le vote majoritaire et, en cas d'égalité (ligne 15), choisir le résultat du classifieur avec la meilleur précision.

7.6.4. Validation expérimentale de l'approche de Xie

Les auteurs présentent une comparaison expérimentale qui porte sur vingt-six ensembles de données provenant de « UCI Machine Learning Repository » [Merz, et al., 1996]. La validation croisée d'ordre 10 est utilisée pour le calcul de la précision des classifieurs. Les résultats sont comparés à ceux des systèmes NBTree [Kohavi, 1996], CBA [Liu, et al., 1998] et C4.5 Rules [QUINLAN, 1993]. Dans [XIE, et al., 2002] les auteurs présentent cette comparaison en se basant sur les taux d'erreurs des différents classifieurs. Dans le tableau 2 (voir page 33) nous présentons ces résultats en comparant leurs PCC (Pourcentage de Classifications Correctes) respectifs.

7.6.5. Points forts de l'approche de Xie

Il ressort des résultats en prédiction présentés dans le tableau 2 (voir page 33), qu'en général, les méthodes CL_{NB} et CL_{NN} améliorent respectivement la prédiction des méthodes NB et NN prises individuellement. En outre, CL_{NB} obtient des résultats en moyenne supérieurs à ceux des trois autres systèmes sur ces jeux de données. Ceci est dû à la capacité d'abstraction des données fournie par l'analyse formelle de concepts (AFC) associée au pouvoir prédictif élevé du classifieur Bayésien naïf (NB) ainsi que celui du classifieur à plus proches voisins (NN). Cependant, l'approche de Xie souffre de plusieurs limites que nous présentons dans la section qui suit.

7.6.6. Limites majeures de l'approche de Xie

Bien que cette approche [XIE, et al., 2002] présente une bonne précision de classification, des limites non négligeables sont à prendre en considération. Nous distinguons trois limites, à savoir :

- Approche non incrémentale, ce qui signifie qu'à chaque nouvelle instance ajoutée dans la base, le processus d'apprentissage doit être relancé ;
- Complexité élevée et lourdeur de la phase d'apprentissage ;
- Problème de mise à l'échelle (Sclability), la construction du treillis dépend énormément du nombre d'instances.

Pour pallier certaines de ces limites avec un minimum de compromis, nous proposons dans le chapitre 4 de ce présent rapport un nouvel algorithme de classification que nous nommons CITREC et que nous appliquerons dans la problématique de la reconnaissance de visages.

Ainsi, nous terminons le survol des méthodes de classification par celles qui sont hybrides et qui combinent des classifieurs issus de différentes approches.

7.7. Méthodes hybrides (combinaison des classifieurs)

Compte tenu de l'absence d'une méthode artificielle traduisant avec une totale efficacité l'expertise humaine vis-à-vis du problème de la classification, les chercheurs n'arrêtent pas d'explorer de nouvelles approches et d'essayer des solutions menant à un compromis. Parmi ces solutions, nous citons les méthodes hybrides.

Ensemble de données	NB_{Tree}	CBA	$C4.5_{Rules}$	NB	CL_{NB}	NN	CL_{NN}
Anneal	99,00	97,90	94,80	98,40	98,60	98,70	98,90
Australian	85,50	85,40	84,70	85,90	85,40	79,30	84,50
Auto	77,20	80,10	80,10	72,30	79,50	73,70	80,10
breast-w	97,40	96,30	95,00	97,60	96,90	96,10	96,60
Cleve	80,90	82,90	78,20	81,90	83,20	76,90	83,20
Crx	85,80	85,40	84,90	85,50	86,50	78,60	84,80
Diabetes	75,90	74,50	74,20	75,90	76,70	66,70	66,80
German	75,50	73,50	72,30	75,50	73,50	66,50	74,50
Glass	72,00	73,90	68,70	71,50	73,40	67,30	68,70
Heart	82,60	81,90	80,80	81,90	83,30	79,60	77,40
Hepatitis	88,30	81,10	80,60	84,40	82,50	82,50	84,40
Horse	81,30	82,40	82,60	78,30	81,80	73,10	80,40
Hypo	99,00	99,00	99,20	98,20	98,60	98,50	98,50
Ionosphere	88,00	92,30	90,00	89,50	91,20	86,90	92,00
Iris	92,70	94,70	95,30	94,70	94,70	94,00	94,70
Labor	87,70	86,30	79,30	95,00	95,00	95,00	95,00
led7	73,30	71,90	73,50	73,30	73,20	46,20	46,20
Lymph	82,40	77,90	83,50	81,00	79,00	75,00	83,10
Pima	75,10	72,90	75,50	75,50	72,80	70,20	69,90
Sick	77,90	97,20	98,50	95,80	97,10	96,60	96,60
Sonar	77,40	77,50	70,20	78,40	95,20	98,60	98,60
tic-tac-toe	83,00	99,60	99,40	69,90	95,90	62,10	94,80
Vehicle	70,50	69,00	72,60	60,00	72,70	57,00	69,90
Waveform	83,90	79,70	78,10	80,70	84,20	79,40	82,90
Wine	97,20	95,00	92,70	98,30	98,30	97,70	97,70
zoo	94,10	96,80	92,20	96,10	96,10	96,10	96,10
Moyenne	84,00	84,80	83,30	83,70	86,40	80,50	84,50

Tableau 2 : Comparaison des PCC des classifieurs sur les différents ensembles de données [XIE, et al., 2002]

Cette tendance est confirmée par la naissance des systèmes experts de deuxième génération [Santos Osório, 1998] qui permettent l'intégration de différents modèles de raisonnement et d'apprentissage [David, et al., 1993, Nikolopoulos, 1997].

Une méthode hybride est en effet toute méthode qui intègre deux approches différentes ou plus pour la résolution d'un problème. Quelques exemples de systèmes basés sur une approche de classification hybride sont présentés ci-dessous [Santos Osório, 1998] :

• Les systèmes Symbolique-Flous : les systèmes symbolique-flous intègrent la logique floue et les systèmes à base de connaissances (KBS).

• Les systèmes Symbolique-Génétiques : ces systèmes sont normalement composés d'un module génétique responsable de l'acquisition de connaissances à partir des données (apprentissage), et d'un module symbolique responsable du moteur d'inférence symbolique (raisonnement).

• Les Systèmes Neuro-Symboliques: c'est le type de système hybride le plus étudié. Il peut être décomposé en trois sous types à savoir :
  ▪ Les systèmes Neuro-Flous qui intègrent la logique floue et les réseaux de neurones.
  ▪ Les systèmes Neuro-IDT qui intègrent les arbres de décision (IDT) et les réseaux de neurones.
  ▪ Les systèmes Neuro-CBR qui intègrent les réseaux de neurones et les systèmes de raisonnement basés sur les cas.

8. Discussion

Nous avons présenté dans les sections précédentes les différentes approches de classification supervisée ainsi que leurs procédures d'apprentissage et de classement.

Etant donnés les problèmes inhérents à chacune de ces approches, plusieurs travaux dans la littérature présentent de nouvelles solutions plus performantes.

Si nous considérons l'apprentissage basé sur les instances et l'approche connexionniste, nous constatons l'avantage important du traitement assez simple des cas particuliers, ce qui n'est pas toujours évident pour les approches inductives. Nous notons aussi une adaptation remarquable pour les données quantitatives. Alternativement, ces systèmes ne sont pas assez performants pour l'explication de la solution trouvée. Ceci est dû au fonctionnement en boîte noire pour les réseaux de neurones [Orsier, 1995] et du raisonnement purement empirique de l'apprentissage à partir d'instances [Santos Osório, 1998].

Alternativement, les arbres des décisions et les réseaux bayésiens sont des systèmes assez stables et donnent de bons résultats dans un grand nombre d'applications tout en générant une représentation naturelle et compréhensible des connaissances [Cornuéjols, 2003, Santos Osório, 1998]. Mais, ces approches présentent des difficultés de manipulation des attributs continus, avec une mauvaise considération des exceptions et des cas particuliers.

Quant aux méthodes basées sur le treillis de concepts, malgré la complexité exponentielle sous-jacente à la construction de la structure du treillis de concepts, plusieurs méthodes de classification ont été développées et ont produit des résultats comparables à ceux des méthodes standards [MEPHU NGUIFO, et al., 2005], aussi bien en ce qui concerne la précision que l'efficacité en temps de calcul. En plus, cette structure présente des propriétés particulières qui favorisent son usage pour la fouille de données notamment pour la recherche de règles d'association [PASQUIER, et al., 1999] et pour l'apprentissage de concepts [KOURIE, et al., 1998]. Reste que la complexité de la construction du treillis et la difficulté de manipulation des variables quantitatives présentent des limites notables de cette approche.

Il est donc clair que chacune des approches considérées isolément reste assez limitée et impose toujours des restrictions au niveau de l'apprentissage.

9. Conclusion

Dans ce chapitre, nous avons présenté différentes méthodes de la classification automatique. Nous avons discuté leurs particularités, leurs propriétés et leurs limites. Nous avons abouti au fait que ces méthodes présentent des limites qui les rendent inadaptées pour certains types de données et d'applications. Ce qui nous pousse à recourir à des approches hybrides, permettant d'améliorer les résultats de la classification.

Cette constatation justifie notre intérêt pour l'approche hybride en se basant sur le formalisme du treillis de concepts associé à un classifieur Bayésien naïf afin de surmonter certaines limitations. Nous présenterons dans la deuxième partie de ce rapport une nouvelle approche de classification inspirée de l'approche de Xie [XIE, et al., 2002] qui pallie certaines limites discutées précédemment. Comme domaine d'application, nous avons choisi la classification des visages. Un état de l'art de ce domaine est présenté dans le chapitre suivant.

Chapitre 2
La reconnaissance de visages

1. Introduction

Les besoins grandissants en matière de sécurité poussent les autorités à l'archivage d'énormes bases de données de visages. Il devient alors difficile pour l'humain d'analyser ce nombre important d'images. Le temps requis, le caractère répétitif de la tâche et la concentration nécessaire sont problématiques. Cependant, ceci n'est pas du tout aisé pour un programme informatique pour lequel un visage est un ensemble de valeurs numériques. De plus, l'appartenance d'un visage à une classe (une personne), autrement dit, la similarité entre les images de visages d'une même personne et la dissimilarité entre les personnes différentes peuvent dépendre de nombreux critères.

Ce chapitre traite la problématique de la reconnaissance de visages, tout en faisant un survol des principales approches proposées dans la littérature récente. Nous rappelons que ce problème n'est pas encore résolu comme l'ont montré les évaluations conduites par NIST [J. Micheals, et al., 2002, JONATHON PHILLIPS, et al., 2003].

2. Contexte

La problématique de reconnaissance de visages est née avec la notion de *biométrie* que nous présentons dans cette section.

En effet, la croissance internationale des communications, tant en volume qu'en diversité (déplacement physique, transaction financière, accès aux services...), implique le besoin de s'assurer de l'identité des individus.

Face à la contrainte de l'authentification par mot de passe, code, etc., la biométrie apporte une solution simple et confortable aux utilisateurs.

2.1. Définition de la biométrie

La biométrie est définie dans [Arnaud 2004] comme étant « une technique globale visant à établir l'identité d'une personne en mesurant une de ses caractéristiques physiques. Il peut y avoir plusieurs types de caractéristiques physiques », les unes plus fiables que les autres, mais toutes doivent être infalsifiables et uniques pour pouvoir être représentatives d'un et un seul individu. En Anglais, on désigne par *biometrics* la mesure des éléments morphologiques des humains, ce qui correspond en fait au terme français *anthropométrie*.

Elle fait référence aux techniques d'identification et d'authentification des personnes grâce à leurs caractéristiques morphologiques et comportementales. En raison des événements terroristes survenus ces dernières années, la popularité de la biométrie a considérablement augmenté et le développement des technologies liées à la sécurité est devenu un axe stratégique majeur pour de nombreuses entreprises et états.

Historiquement, la biométrie a été utilisée dans le domaine judiciaire et criminel. À la fin du XIXème siècle, l'utilisation des empreintes digitales s'est développée pour résoudre les affaires criminelles.

2.2. Les systèmes biométriques

Un système biométrique est donc un système automatique de mesure, basé sur la reconnaissance de caractéristiques physiques ou comportementales d'un individu. Ces caractéristiques doivent être **universelles** (exister chez tous les individus), **uniques** (permettre de différencier un individu par rapport à un autre), **permanentes** (autoriser l'évolution dans le temps), **enregistrables** (collecter les caractéristiques d'un individu avec l'accord de celui-ci) et **mesurables** (autoriser une comparaison future) [Mascre, 2003].

Nous pouvons résumer la finalité d'un système biométrique en deux types d'utilisation à savoir :

- **L'authentification :** cette technique sert à vérifier l'identité que revendique un utilisateur. À titre d'exemple, nous citons un système comparant la caractéristique biométrique à celle encodée sur une carte d'accès.

- **L'identification :** elle permet de savoir si un utilisateur est présent dans une base de données. La caractéristique biométrique de l'appliquant est comparée à toutes celles encodées dans la base de donnée pour vérifier que celle-ci est bien présente.

2.3. Les différentes technologies biométriques

Nous pouvons classer les techniques biométriques en trois catégories, comme suit [Mascre, 2003] :

- Celles basées sur l'analyse de traces biologiques (odeur, salive, urine, sang, ADN, ...) ;

- Celles basées sur l'analyse comportementale (dynamique du tracé de signature, frappe sur un clavier d'ordinateur, ...) ;

- Celles basées sur l'analyse morphologique (empreintes digitales, forme de la main, traits du visage, réseau veineux de la rétine, iris de l'œil, ...). Ces éléments ont l'avantage d'être stables dans la vie d'un individu et ne subissent pas autant les effets du stress, par exemple, que l'on retrouve dans l'identification comportementale.

Les techniques biométriques permettent donc la mesure et la reconnaissance de **ce que l'on est**, à la différence d'autres techniques de mêmes finalités, mais permettant de mesurer ou vérifier **ce que l'on possède** (carte, badge, document, ...) ou **ce que l'on sait** (mot de passe, code pin, ...) [Marzouki, 2001].

2.4. Fonctionnement des systèmes biométriques

Afin de mieux comprendre le principe de ces systèmes, nous allons essayer d'examiner leur fonctionnement générique qui reste toujours le même et qui est illustré par la figure 7 (voir page 38).

Ce fonctionnement passe en effet par trois étapes fondamentales à savoir :

- **1ère étape** : Capture de l'information à analyser (une image en général).
- **2ème étape** : Traitement de l'information et création d'un fichier "signature" représentant éléments caractéristiques de l'image, puis la mise en mémoire de ce fichier de référence sur un support (disque dur, carte à puce, code barre).
- **3ème étape** : Dans la phase de vérification, le système procède comme pour la création du fichier "signature" de référence, ensuite il compare les deux fichiers pour déterminer leur taux de similitude afin de prendre la décision qui s'impose.

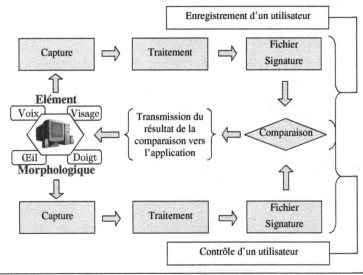

Figure 7 : Fonctionnement générique d'un système biométrique

Dans la pratique, il est impossible d'obtenir une coïncidence absolue (100% de similitude) entre le fichier "signature" créé lors de l'enrôlement[3] et le fichier "signature" créé lors de la vérification. Les éléments d'origine (une image, un son...) utilisés pour les traitements informatiques ne peuvent jamais être reproduits à l'identique.

En effet, le niveau de performance des systèmes d'authentification biométrique est apprécié au regard de la fréquence statistique des erreurs relevées dans ses deux composantes essentielles qui sont :

- La non reconnaissance d'un individu qui aurait dû être reconnu, appelé taux de faux rejets ou TFR ;

- La reconnaissance à tort d'un individu qui n'aurait pas dû être reconnu, appelé taux de fausses acceptations ou TFA.

Ces taux vont dépendre de la qualité des systèmes et des algorithmes de reconnaissance, mais aussi du niveau de sécurité souhaité.

Un système biométrique, pour être efficace, doit avoir la capacité d'adaptation aux changements permanents et temporaires de l'utilisateur. Par exemple, une personne qui se laisse pousser la barbe ou qui s'inflige une blessure au doigt ne doit pas se voir refuser l'accès aux données contenues dans son ordinateur, et ce, malgré le changement dans son apparence physique.

Une étude comparative des principaux systèmes biométriques, réalisée par la Société de conseil et d'intégration « International Biometric Group »[4], est présentée dans la figure 8 (voir page 40). Cette comparaison permet de définir quel est le système le mieux adapté à l'application à sécuriser.

2.5. Identification morphologique

Dans la littérature [CLUSIF, 2003], plusieurs systèmes biométriques sont basés sur l'identification morphologique. Les méthodes actuelles utilisées pour la réalisation de l'apprentissage et de la vérification sont nombreuses et en pleine mutation.

Parmi ces technologies, les trois les plus répandues sont : la reconnaissance des empreintes digitales, la géométrie de la main et la reconnaissance de visages.

Dans le cadre de notre travail, nous nous intéressons au problème de reconnaissance de visages que nous traitons dans ce qui suit.

---

[3] L'enrôlement est l'opération de génération et d'enregistrement du fichier signature ainsi que des informations sur l'identité de la personne comme son nom, son prénom, son identifiant (numéro d'identification personnel).

[4] International Biometric Group : http://www.biometricgroup.com

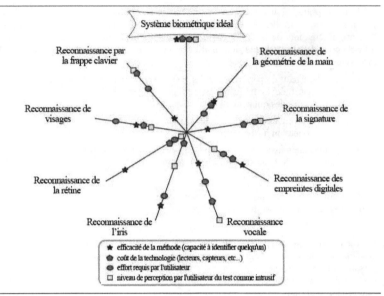

Figure 8 : Comparaison multicritères des principaux systèmes biométriques

3. La reconnaissance de visages

Nous abordons la problématique de reconnaissance de visages par rapport aux deux principaux acteurs concernés à savoir l'Homme et la Machine.

3.1. Pour l'Homme

La reconnaissance et l'identification de visages constitue une fonction vitale dans la vie quotidienne des individus, particulièrement pour se rappeler des personnes que nous rencontrons et estimer leurs émotions.

Elle est basée sur notre capacité de reconnaître les personnes. Nous pouvons en effet identifier des milliers de visages appris durant toute notre vie et identifier les visages familiers d'un coup d'œil même après des années de séparation.

Cette faculté ne présente pas de difficultés particulières ou remarquables pour un être humain, et ce, malgré les grandes variations des caractéristiques faciales (modèle de cheveux, lunettes, etc.) et les états de scène autour d'un visage.

En particulier, la robustesse de la détection à la pose, à l'expression et à l'illumination partielle est probablement réalisée en employant les caractéristiques faciales locales (distance entre les yeux, forme du visage etc.) au lieu de l'aspect global du visage.

En général, un être humain moyen atteint un taux de reconnaissance de 99%. La question qui se pose est : peut-on atteindre ce taux ou le dépasser avec un système informatique ? [Mascre, 2003]

Pour pouvoir répondre à cette question, nous avons élaboré un aperçu général de la littérature qui la traite afin d'identifier les différents aspects de la reconnaissance de visages pour la machine.

3.2. Pour la machine

À la différence de l'être humain, un système informatique va se trouver dans une situation délicate lors de la reconnaissance de visages.

Malgré les efforts déployés par les chercheurs dans le domaine de reconnaissance de visages, Pawan Sinha, Benjamin Balas, Yuri Ostrovsky et Richard Russell confirment dans [Sinha, et al., 2006] qu'il n'y a pas encore de système de reconnaissance automatique de visages qui puisse être déployé dans un environnement sous diverses contraintes (bruit, distance, luminosité) et faire preuve de performance et d'efficacité absolue.

Ceci s'explique par l'extrême difficulté de ce problème, car les visages de personnes différentes ont globalement la même forme, alors que les images d'un même visage peuvent fortement varier du fait des expressions faciales, des conditions d'illumination, de la pose, de la présence ou de l'absence de lunettes, moustaches ou barbes, etc.

Le défi lancé par les chercheurs dans le domaine de reconnaissance des formes est donc de construire des systèmes de reconnaissance automatique de visages qui seront aussi performants et efficaces que la reconnaissance humaine de visages [Sinha, et al., 2006].

4. Fonctionnement du système de reconnaissance

Le challenge des systèmes de reconnaissance de visages est le développement de modèles mathématiques pour les visages, afin de pouvoir les reconnaître ensuite.

En premier lieu, le visage est localisé et globalement évalué en termes de forme, quantité, couleur de cheveux, etc. [Turk, et al., 1991]

En effet, c'est un processus rapide s'intéressant aux caractéristiques extérieures du visage et peu discriminant séparant les individus en grandes classes.

Dans un second temps, le milieu du visage est analysé afin d'en extraire ses caractéristiques géométriques (telles que la forme des yeux, la distance entre le nez et la bouche, etc.), ou encore extraire les caractéristiques globales telles que la distribution des couleurs sur la surface du visage.

Une fois le modèle construit, il est possible d'identifier le visage concerné parmi un ensemble de visages stockés.

Plusieurs approches ont été considérées pour la reconnaissance de visages [Chellappa, et al., 1995] que nous allons présenter dans ce qui suit.

5. Les méthodes de reconnaissance de visages

De nombreuses techniques sont actuellement explorées pour l'identification de visages [Chellappa, et al., 1995]. Nous pouvons citer à titre d'exemples l'utilisation de critères morphologiques tels que la distance entre les yeux, la taille ou la forme de la bouche, la géométrie globale du visage, etc., la détection de la couleur de la chair, ou encore la transformation en ondelettes.

5.1. Principe général d'un système de reconnaissance de visages

Une démarche générale pour réaliser des systèmes de reconnaissance de visages est illustrée dans la figure 9 (voir page 42).

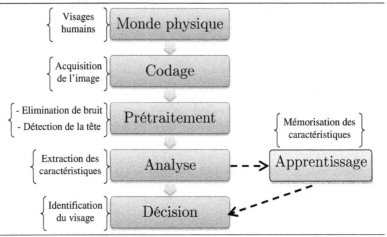

Figure 9 : Schéma général d'un système de reconnaissance des visages [Benkiniouar, et al., 2005]

Dans [Benkiniouar, et al., 2005], les auteurs décrivent le processus illustré dans la figure 9 ci-dessus en trois étapes, à savoir le prétraitement, l'analyse et la décision.

Au niveau de l'étape de **Prétraitement,** il faut éliminer le bruit par des techniques de traitement et de restauration d'images et procéder à une localisation de la tête dans l'image. Cette opération est très complexe. Beaucoup supposent que l'image contient un visage et que l'arrière plan est neutre. La restauration d'images ou l'élimination du bruit consiste à compenser les dégradations connues ou estimées et rétablir la qualité initiale de l'image [Benkiniouar, et al., 2005, Yang, et al., 2003].

Dans l'étape d'**Analyse** (appelée aussi indexation, représentation, modélisation ou extraction de caractéristiques), il faut extraire de l'image les informations qui seront sauvegardées en mémoire pour être utilisées plus tard dans la phase de **Décision**. Le choix de ces informations utiles revient à établir un modèle pour le visage. Elles doivent être par conséquent discriminantes et non redondantes.

La dernière étape de **Décision** consiste à utiliser le modèle généré lors de la phase d'analyse pour déterminer l'identité de l'individu à reconnaître. Ceci est possible grâce à un processus de classification qui change d'une méthode à l'autre.

Pour voir de plus près la relation entre l'étape d'analyse et l'étape de décision, un schéma explicatif est présenté dans la figure 10 ci-dessous.

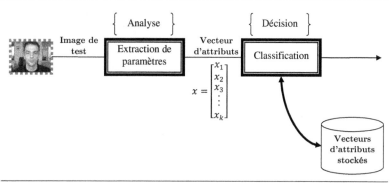

Figure 10 : Schéma général de reconnaissance de visages

5.2. Principales approches de reconnaissance

Les travaux qui se sont intéressés à la reconnaissance de visages dans un environnement sous différentes conditions d'éclairage, d'expressions faciales et d'orientations, peuvent être classés en deux catégories suivant l'approche suivie, à savoir :

1) L'approche géométrique
2) L'approche globale.

Nous allons décrire dans ce qui suit ces deux principales approches sachant qu'une revue détaillée des principales techniques de reconnaissance de visages est donnée dans [Enuganti, 2005, Zhao, et al., 2003].

5.2.1. L'approche géométrique

Elle englobe une famille de méthodes appelées *méthodes analytiques* ou à caractéristiques locales. Elles sont dites *analytiques* puisque, en vue de reconnaître un certain visage et le classer, elle procède par son analyse. En effet, il est possible d'attribuer une certaine description du visage humain, et ce, en rappelant ses parties et leurs relations.

L'être humain, lorsqu'il perçoit le visage avec ses parties (les yeux, le nez, la bouche, etc.), utilise le même modèle puisqu'il considère les notions de traits et de parties de visage.

Les traits du visage ont toujours fait l'objet d'extraction à partir des images du visage, et ce, dans le but de dresser un modèle spécifique représentant le visage.

Nombreuses sont les démarches qui ont essayé de modéliser et de classer les visages en se basant sur des mesures de distance normalisées et d'angles entre des points caractéristiques du visage humain [KAMEL, et al., 1993].

Notons surtout l'importance et la criticité de la phase d'extraction des traits spécifiant et décrivant le visage dans le processus de reconnaissance des visages [KAMEL, et al., 1993, VEZJAK, et al., 1991].

Ce qui rend ces méthodes intéressantes est qu'elles prennent en compte la spécificité du visage en tant que forme naturelle à reconnaître. Elles considèrent aussi un nombre réduit de paramètres (entre 9 et 14 distances [KAMEL, et al., 1993]).

5.2.2. L'approche globale

Les méthodes dites *globales* traitent les propriétés globales du visage. Elles sont fondées essentiellement sur l'information pixel, un point singulier dans une image. Le visage est traité comme un tout. Le système (ou classifieur) apprend ce qu'est un visage à partir d'un ensemble d'exemples.

Ce type de systèmes de reconnaissance est très efficace, reste que la phase d'apprentissage s'avère lourde à mettre en œuvre [Hjelmas, et al., 2001, Yang, et al., 2002].

Parmi les approches les plus utilisées, nous pouvons citer : l'approche de visages propres, l'approche stochastique, l'approche statistique et probabiliste et l'approche connexionniste. Nous donnons dans ce qui suit une description de chacune de ces approches.

5.2.2.1. L'Approche ACP (ou Les Visages Propres)

C'est une technique très utilisée dans la classification et la compression des données [VUÇINI, et al.]. Elle est performante pour la recherche de modèles de données dans de grandes bases de données [Lindsay, 2002].

Cette technique cache plusieurs concepts mathématiques. En effet, elle couvre la déviation standard, la covariance, les eigenvectors et les eigenvalues [Lindsay, 2002]. Elle tient à représenter les données d'une manière à ce que les différences et les similarités entre ces données soient faciles à identifier.

Son principe est décrit dans [Lindsay, 2002] comme suit :

La méthode prend en entrée un ensemble d'images de visages. Elle en réalise une matrice-image géante qui synthétise cet ensemble d'images.

Soit une base d'apprentissage de n visages, la matrice-image se présente ainsi :

$$MatriceImages = \begin{pmatrix} VecteurImage_1 \\ VecteurImage_2 \\ \cdot \\ \vdots \\ VecteurImage_n \end{pmatrix}$$

Cette matrice sera le point de départ pour les analyses de la méthode. Les données d'origine sont ainsi modélisées sous forme d'eigenvectors résultant de la matrice de covariance.

En ce qui concerne la reconnaissance d'un visage, on prend la nouvelle image du visage et on mesure la différence entre cette dernière et les images d'origine. Cette comparaison se basera non pas sur les axes d'origine mais sur les axes nouvellement dérivés des analyses de la méthode ACP.

Il a été prouvé que ces derniers axes donnent des résultats meilleurs en matière de reconnaissance de visages, car la méthode ACP présente les images d'origine en termes de différences et similarités entre elles [Lindsay, 2002].

5.2.2.2. L'approche stochastique

Les modèles Markov cachés (MMC) sont des modèles statistiques très utilisés. Ils interviennent dans de nombreux domaines d'application tels que la reconnaissance de la parole, la biologie, l'ordonnancement de tâches, les technologies de l'information et de la communication ou la reconnaissance d'images [Cappé, et al., 2002].

L'idée maîtresse de cette approche est le fait que, quand les images frontales sont balayées de haut en bas, il y a un ordre naturel dans lequel les caractéristiques apparaissent, et de ce fait, il peut être modélisé d'une manière pratique en utilisant un modèle caché de Markov (HMM : Hidden Markov Model) [Benkiniouar, et al., 2005].

L'utilisation des HMM les plus simples est désormais bien maîtrisée depuis le milieu des années 90 [Cappé, et al., 2002].

En observant le principe de cette approche, nous concluons qu'elle est seulement adaptée aux images frontales. Elle est par conséquent très sensible à l'angle de prise de vue de l'image du visage.

5.2.2.3. L'approche statistique et probabiliste

Elle se base sur la classification bayésienne décrite dans le chapitre précédent.

YANG, AHUJA et KRIEGMAN ont pu dans [YANG, et al., 1999], en adoptant une approche statistique, reconnaître des visages à partir d'images en couleur.

Ils ont utilisé une méthode qui segmente les images en des régions homogènes et extrait des régions de la peau en se basant sur les modèles de couleurs déjà établis. Ces régions sont ensuite confondues (ou fusionnées) jusqu'à ce que la forme vérifie celle d'un visage, donc la forme elliptique.

Les deux auteurs ont montré dans [YANG, et al., 1999], lors des expérimentations qu'ils ont faites, que leur méthode peut détecter des visages en images en couleur sans tenir compte ni de la taille, ni de l'orientation, ni de l'angle de prise de vue.

Malgré la robustesse de l'approche statistique, celle-ci pose le problème de la complexité élevée du calcul [Benkiniouar, et al., 2005].

5.2.2.4. L'approche connexionniste

Dans le premier chapitre, nous avons décrit les réseaux de neurones comme outils qui battaient tous les records d'estimation des relations non linéaires entre les données de différents types. Cet avantage favorise l'utilisation de cette technique pour la classification des images, en général, et la reconnaissance de visages en particulier.

En effet, tout au long de la vie d'un individu, les traits de son visage subissent sans cesse des variations dues à divers facteurs tels que l'âge, le port ou non de lunettes, la barbe, etc. À ceux-ci s'ajoutent les éléments changeants de l'environnement lors de l'acquisition de l'image tel que l'illumination, l'angle de prise de vue, la distance par rapport au capteur, etc.

6. Conclusion

Dans ce chapitre, nous avons présenté un état de l'art sur les différentes approches de reconnaissances de visages. Nous avons aussi présenté le contexte de ces méthodes, à savoir la biométrie qui représente, pour des raisons de sécurité, un domaine en pleine croissance à l'échelle internationale. En effet, la biométrie apporte la solution à travers une panoplie de techniques d'identification et d'authentification permettant ainsi l'identification de la personne elle-même et non ce qu'elle possède (badge, carte,...) ou ce qu'elle sait (code, mot de passe...).

Dans le chapitre suivant, nous allons présenter un nouvel algorithme de classification automatique, baptisé CITREC (Classification Indexée par le TREillis de Concepts). Cette nouvelle approche permet la classification supervisée et se base sur l'approche de Xie (CL$_{NN}$ & CL$_{NB}$) [XIE, et al., 2002] décrite dans le premier chapitre. Nous montrons ensuite son application dans la reconnaissance de visages.

Partie II

Nouvelle approche hybride de classification supervisée à base de treillis de Galois

(Application à la reconnaissance de visages)

Chapitre 3
L'algorithme CITREC

1. Introduction

Dans ce chapitre, nous allons introduire un nouvel algorithme, baptisé CITREC (**C**lassification **I**ndexée par le **TRE**illis de **C**oncepts), dont l'objectif principal est de pallier les principales limites de l'approche de Xie [XIE, et al., 2002] que nous avons présentée au premier chapitre du présent mémoire.

L'algorithme que nous proposons est un système de classification complet avec un module d'apprentissage, un module de classement et un module de mise à jour permettant l'apprentissage incrémental de nouvelles instances. Nous avons essayé avec cette approche de surpasser les limites de l'approche mère avec le minimum de compromis.

2. Principe général de CITREC

Tout comme l'approche de Xie [XIE, et al., 2002], l'idée principale de notre approche demeure le fait d'utiliser le treillis de concepts pour sélectionner le sous-ensemble d'instances qui sera utilisé par un classifieur contextuel lors de l'apprentissage et du classement.

L'originalité de notre approche concerne essentiellement la phase d'apprentissage et plus précisément la construction du treillis qui consiste à le construire à partir d'un contexte réduit contenant seulement une instance représentative de chaque classe et non pas tout l'ensemble d'apprentissage. Ceci va nettement réduire le temps de construction en plus de l'amélioration de la mise à l'échelle (Scalability) sans perte d'informations.

Pour chaque nœud du treillis qui satisfait certaines contraintes que nous présentons plus loin dans ce chapitre, un classifieur de base serait entrainé sur les instances de la base d'apprentissage ayant la même classe que celles des instances représentatives dans l'extension du concept.

Quant à la phase de classement, des modifications ont été apportées à l'approche de Xie afin d'utiliser le treillis de concept comme étant un index.

Afin d'illustrer la présentation de notre approche tout au long de ce chapitre, nous avons choisi une base d'apprentissage de la littérature nommée « IRIS[5] » que nous décrivons dans la section suivante. Cette base est largement utilisée dans la littérature pour la validation expérimentale, nous citons [Dominic, et al., 2005, Liu, et al., 1998, XIE, et al., 2002].

3. Ensemble de données illustratif

Pour illustrer l'apprentissage et le classement de CITREC sur des données réelles, ou du moins réalistes, nous avons choisi l'ensemble de données IRIS proposé par Fisher [Fisher, 1936]. Il décrit 150 observations correspondant à trois variétés d'iris {« setosa », « versicolor », « virginica »} à partir de leurs caractéristiques morphologiques (longueur des sépales, largeur des sépales, longueur des pétales, largeur des pétales). Il est accessible sur plusieurs serveurs de données, tel que le site UCI [Merz, et al., 1996]. L'intérêt de ce fichier est essentiellement pédagogique. Il présente des particularités très intéressantes qui facilitent la compréhension et l'interprétation des résultats [RAKOTOMALALA, 2005]. Une description de l'ensemble de données IRIS est présentée dans le tableau 3. Un extrait de cet ensemble est présenté dans le tableau 4 (voir page 50).

4. La phase d'apprentissage

La phase d'apprentissage est une phase cruciale pour tout système de classification. En effet, la phase de classement ne fera qu'utiliser les données préparées lors de cette phase. Par conséquent, les performances du système en dépendront d'une façon remarquable.

Lors de la phase d'apprentissage, CITREC opère en quatre étapes successives, à savoir:

1) Prétraitement de la base d'apprentissage.
2) Génération du contexte réduit à partir d'instances représentatives.
3) Construction du treillis d'index.
4) Création des classifieurs contextuels relatifs à chaque nœud pertinent.

Nous décrivons dans ce qui suit le principe de chaque étape.

---

[5] L'iris est une plante herbacée aux grandes fleurs jaunes ou violettes, très odorantes, qui pousse dans toutes les régions tempérées.

Nom de l'ensemble de données	IRIS
Nombres d'attributs	4
Types des attributs	Numériques
Nombre d'instances	150
Nombre de classes	3
Nombre d'instances par classe	50

Tableau 3 : Description de la base IRIS proposée dans [Fisher, 1936]

Objet	sepallength	sepalwidth	petallength	petalwidth	classe
O1	5,1	3,5	1,4	0,2	setosa
O2	5,4	3,9	1,7	0,4	setosa
O3	4,7	3,2	1,3	0,2	setosa
.	.	.	.	.	.
.	.	.	.	.	.
.	.	.	.	.	.
O4	7	3,2	4,7	1,4	versicolor
O5	6,4	3,2	4,5	1,5	versicolor
O6	5,5	2,3	4	1,3	versicolor
.	.	.	.	.	.
.	.	.	.	.	.
.	.	.	.	.	.
O7	7,7	3	6,1	2,3	virginica
O8	6,3	2,8	5,1	1,5	virginica
O9	6,1	2,6	5,6	1,4	virginica
.	.	.	.	.	.
.	.	.	.	.	.
.	.	.	.	.	.

Tableau 4 : Extrait de l'ensemble de données IRIS [Fisher, 1936]

4.1. Prétraitement de la base d'apprentissage

Cette étape consiste à passer d'une base d'instances d'apprentissage ayant des attributs numériques et nominaux à un contexte avec des attributs binaires uniquement.

a) *Traitement des attributs nominaux :*

Pour les attributs nominaux, la tâche est relativement simple, puisqu'il suffit de parcourir les valeurs que peut avoir cet attribut et de les mettre comme attributs binaires tout en supprimant l'attribut en question.

Exemple 3 *Vu que notre base illustrative ne contient pas d'attributs nominaux (autre que la classe) nous considérons les données génériques suivantes :*

Objets /Attributs	Couleur
O1	Rouge
O2	Bleu
O3	Vert

Tableau 5 : Exemple de données génériques

Supposons que nous voulions traiter l'attribut « Couleur », l'idée est de le remplacer par trois attributs binaires correspondants aux valeurs qu'il peut prendre. Il suffirait ensuite de parcourir les objets et de mettre à jour leurs valeurs.

Le contexte résultant est illustré dans le tableau 6 ci-dessous.

Objets /Attributs	C_Rouge	C_Bleu	C_Vert
O1	X		
O2		X	
O3			X

Tableau 6 : Contexte formel générique

b) *Traitement des attributs numériques :*

Les attributs numériques sont plus difficiles à traiter, car leur espace de valeurs est infini, d'où la nécessité de discrétiser ces attributs pour aboutir à la fin à un espace de valeurs fini qui pourra ensuite être traité d'une manière semblable à celle des attributs nominaux.

Pour notre approche, et suite à une série d'expérimentations, nous avons opté pour une méthode non supervisée générique que nous présentons plus loin dans ce chapitre. Ce choix est illustré par une comparaison de cette méthode avec des méthodes de discrétisation supervisée, à savoir, la méthode de Fayyad et Irani [FAYYAD, et al., 1993] qui se base sur l'entropie et celle d'Igor Kononenko [Kononenko, 1995] lors de notre étude comparative.

Exemple 4 *Soit l'extrait du tableau 4 (voir page 50) suivant (relatif à l'attribut « petallength ») :*

Objets /Attributs	petallength
O1	1,4
O2	1,7
O3	1,3
O4	4,7
O5	4,5
O6	4
O7	6,1
O8	5,1
O9	5,6

Tableau 7 : Extrait du Tableau 4 (voir page 50)

La première étape du traitement des attributs numériques consiste à discrétiser l'attribut en question, ce qui en résulte à un attribut avec un espace de valeurs fini semblable aux attributs nominaux comme le montre le tableau 8 (voir page 52).

Objets /Attributs	petallength
O1	$"]-\infty, 2.45]"$
O2	$"]-\infty, 2.45]"$
O3	$"]-\infty, 2.45]"$
O4	$"(2.45, 4.75]"$
O5	$"(2.45, 4.75]"$
O6	$"(2.45, 4.75]"$
O7	$"]4.75, +\infty["$
O8	$"]4.75, +\infty["$
O9	$"]4.75, +\infty["$

Tableau 8 : Résultat de la discrétisation de l'attribut « petallength »

À ce niveau nous avons converti notre attribut numérique en attribut nominal. Ce nouvel attribut possède 3 valeurs dans son domaine $\{$ $]-\infty,2.45]$, $(2.45, 4.75]$, $]4.75, +\infty[\}$. Ces intervalles ont été déduits par l'algorithme relatif à la méthode de Fayyad [FAYYAD, et al., 1993]. Et par conséquent, nous appliquons la méthode décrite dans la section précédente relative au traitement des attributs nominaux, ce qui aboutit au contexte décrit dans le tableau 9.

Objets /Attributs	pl $]-\infty, 2.45]$	pl $(2.45, 4.75]$	pl $]4.75, +\infty[$
O1	X		
O2	X		
O3	X		
O4		X	
O5		X	
O6		X	
O7			X
O8			X
O9			X

Tableau 9 : Contexte formel relatif à l'attribut « petallength »

En appliquant ce processus sur tous les attributs de notre base illustrative, nous aboutissons au contexte global décrit dans le tableau 10.

Remarque :

Il est évident que la discrétisation des attributs numériques entraine une perte de précision qui pourra diminuer la qualité du treillis d'index. Cependant, il est possible de recourir à la logique floue, ce qui minimisera la perte de précision. D'ailleurs, cette alternative est envisageable en tant qu'extension de ce travail.

Obj./Att.	sl1	sl2	sl3	sw1	sw2	sw3	pl1	pl2	pl3	pw1	pw2	pw3	Classe
O1	X				X	X		X					versicolor
O2	X				X	X		X					versicolor
O3	X			X		X		X					versicolor
O4		X		X		X			X				setosa
O5		X		X		X			X				setosa
O6	X		X			X			X				setosa
O7		X		X				X				X	virginica
O8		X	X					X			X		virginica
O9		X		X				X			X		virginica

Tableau 10 : Contexte global relatif à l'extrait présenté dans le tableau 4 (voir page 50)

4.2. Réduction du contexte global

Après avoir généré le contexte général, l'idée clé de notre approche consiste à créer un nouveau contexte qui va servir à la construction du treillis d'index. Le contexte réduit, contiendra un nombre d'objets égal au nombre des classes des différentes instances de la base d'apprentissage. La taille de ce contexte est par conséquent insensible au nombre d'instances d'apprentissage, ce qui nous fera gagner en matière de temps d'exécution et de complexité lors de la construction du treillis et même lors du classement.

L'idée est de sélectionner une instance représentative de chaque classe. Le choix de cette instance est assez délicat, car c'est elle qui servira à déterminer la classe de la nouvelle instance lors de la phase de classement.

Nous notons que, pour mener à bien la phase de classement, cette instance devrait minimiser la somme des distances entre elle et le reste des instances d'une classe donnée. De ce fait, nous avons déduit un algorithme (voir algorithme 5 page 54) assez simple mais efficace pour accomplir cette tâche.

En considérant notre base illustrative décrite dans le tableau 4 (voir page 50), le contexte réduit est présenté dans le tableau 11 ci-dessous :

Obj. /Att.	sl1	sl2	sl3	sw1	sw2	sw3	pl1	pl2	pl3	pw1	pw2	pw3
versicolor	X				X	X				X		
setosa		X		X		X				X		
virginica			X		X			X				X

Tableau 11 : Contexte réduit relatif à l'extrait présenté dans le tableau 4 (voir page 50)

Nous remarquons la présence de trois objets qui représentent les instances représentatives des classes de la base IRIS à savoir { « setosa », « versicolor », « virginica »}, ce sont les instances centrales déduites par l'algorithme 5.

Procédure : réduire_contexte

Données : {$contexte_{global}$: *le contexte global* à réduire

Résultats : {$contexte_{réduit}$: *le contexte réduit*

DEBUT
1. $contexte_{réduit} = \emptyset$
2. *POUR chaque classe C FAIRE*
3. $min_{totaldist} = 0$
4. $instance_{centre} = \emptyset$
5.   *POUR chaque instance* $i1 \in contexte_{global}(C)$ *FAIRE*
6. $totaldist = 0$
7.   *POUR chaque instance* $i2 \in contexte_{global}(C) - i1$ *FAIRE*
8. $totaldist = totaldist + distance(i1, i2)$
9.   *FIN POUR*
10.   *SI instance*$_{centre} = \emptyset$ *OU totaldist* $< min_{totaldist}$ *ALORS*
11. $instance_{centre} = i1$
12. $min_{totaldist} = totaldist$
13.   *FIN SI*
14.   *FIN POUR*
15. $contexte_{réduit} = contexte_{réduit} \cup instance_{centre}$
16. *FIN POUR*

FIN

Algorithme 5 : Algorithme de génération du contexte réduit utilisé dans CITREC

4.3. Construction du treillis d'index

Quant à la construction du treillis d'index, nous avons opté pour un algorithme incrémental qui est une version améliorée de celui de Godin [GODIN, et al., 1995]. Cet algorithme est implémenté au sein de la plateforme Galicia[6] [Valtchev, et al., 2003].

Il est à noter que l'incrémentalité est un aspect très important de l'algorithme de construction du treillis utilisé au sein du système CITREC. Ce choix nous permet d'ajouter de nouvelles instances à la base d'apprentissage sans pour autant régénérer le treillis d'index, mais seulement en le mettant à jour pour tenir compte de cette nouvelle instance.

Le treillis d'index (voir figure 11 page 55) sera construit sur la base du contexte réduit (relatif à notre base illustrative) présentée dans la section précédente.

4.4. Création et affectation des classifieurs contextuels

Une fois le treillis d'index construit, il ne reste qu'à sélectionner les nœuds pertinents et de leur affecter de nouveaux classifieurs. Par nœuds pertinents, nous désignons

[6] Galois Lattice Interactive Constructor : http://galicia.sourceforge.net/

l'ensemble des nœuds qui satisfont deux contraintes de sélection, à savoir « la contrainte de support » et « la contrainte de non-inclusion ».

4.4.1. La contrainte de support

Cette contrainte peut être formalisée comme suit :

Pour chaque règle contextuelle $r : C \rightarrow CLS$, nous avons :

$$\|Extension(C)\| \geq \alpha \times \|O_{réduits}\|$$

Le paramètre α désigne le pourcentage d'instances représentatives qui doit exister dans l'extension d'un concept pour le sélectionner et lui affecter un classifieur contextuel. Nous avons fixé ce paramètre à 10% comme valeur par défaut. Ce paramètre a été déduit d'une façon empirique. Nous notons cependant que ce paramètre ne doit pas être trop grand pour éviter d'avoir un nombre réduit de nœuds pertinents, ce qui diminue l'efficacité du vote majoritaire. Alternativement, ce paramètre ne doit pas être trop petit pour ne pas avoir trop de nœuds pertinents entrainant ainsi une détérioration de la qualité du vote.

Pour chaque concept pertinent, un classifieur de base sera créé et entrainé sur le sous ensemble de la base d'apprentissage qui contient les instances qui appartiennent aux mêmes classes des instances représentatives contenues dans l'extension de ce concept.

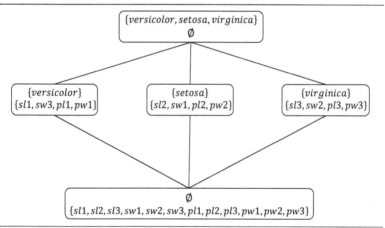

Figure 11 : Diagramme de Hasse relatif au treillis d'index de l'exemple illustratif

4.4.2. La contrainte de non-inclusion

La contrainte de non-inclusion permet d'éviter de créer deux classifieurs dont le sous-ensemble d'apprentissage du premier est inclus dans celui du deuxième. Dans ce cas, le premier n'apportera pas de plus par rapport au deuxième.

Ceci peut être formalisé comme suit :

Étant donné deux règles contextuelles $r_1 : C_1 \rightarrow CLS_1$ *et* $r_2 : C_2 \rightarrow CLS_2$, on a :
Si Extension(C_1) $\subseteq$ Extension(C_2) alors R = R $-$ {r_1}

Si nous considérons notre exemple illustratif, nous obtenons un treillis d'index avec les classifieurs contextuels attachés aux nœuds pertinents. Dans cet exemple précis, et vu le nombre réduit de classes de la base d'apprentissage (3 classes), c'est la totalité des nœuds du treillis d'index excepté qui vont incorporer des classifieurs contextuels, comme le montre la figure 12 (voir page 58).

4.5. L'algorithme d'apprentissage de CITREC

Dans cette section nous présentons l'algorithme d'apprentissage complet de CITREC (voir algorithme 6 page 57) que nous décrivons dans ce qui suit.

Après avoir initialisé R à l'ensemble vide (ligne 1), l'algorithme commence par discrétiser les attributs numériques de l'ensemble d'apprentissage « Instances », le résultat est ensuite convertie en contexte formel (ligne 3) (voir section 4.1 page 50)4.1. À la ligne 4 nous avons utilisé la procédure *réduire_contexte*() décrite dans l'algorithme 5 (voir page 54) qui permet de générer le contexte réduit à partir du contexte global (voir section 4.2 page 53). Ce contexte servira à la construction du treillis d'index $\mathcal{L}$ (ligne 5). La dernière étape de l'algorithme consiste à effectuer un parcours total des concepts du treillis. Si ceux-ci vérifient les deux contraintes de support et de non-inclusion introduites dans la section 4.4 (voir page 54), le processus d'apprentissage d'un nouveau classifieur de base CLS est exécuté sur l'extension des concepts en question (ligne 8) et la règle de classification contextuelle {$C \rightarrow CLS$} est ajouté à l'ensemble R (ligne 9).

5. La phase de classement

Lors de cette phase, CITREC reçoit en entrée une instance de classe inconnue et retourne la classe de cette instance après avoir effectué tout un processus de classification. Le processus de classification de CITREC peut être décomposé en trois étapes, à savoir :

1) Conversion de l'instance
2) Recherche des classifieurs contextuels activés par cette instance
3) Vote majoritaire et décision

Tout au long de cette section, nous allons prendre l'instance « Y » (décrite dans le tableau 12 page 57) comme exemple d'instance à classer et nous allons décrire les trois étapes du processus de classification.

Objet	sepallength	sepalwidth	petallength	petalwidth
Y	5,7	2,8	4,5	1,3

Tableau 12 : Représentation de l'instance exemple « Y » à classer

---

Procédure : Apprentissage_ CITREC

Données : {*Instances* : *l'ensemble des instances d'apprentissage*

Résultats : {*R* : *l'ensemble des règles contextuelles*

DEBUT

1. $R \leftarrow \{ \}$
2. $O = discretiser(Instances)$
3. $Contexte_{global} = convertir\_en\_contexte(O)$
4. $Contexte_{reduit} = reduire\_contexte(Contexte_{global})$
5. $\mathcal{L} = construire\_treillis(Contexte_{reduit})$
6. *POUR chaque concept* $C \in \mathcal{L}$ *FAIRE*
7.   *Si Support(C) et Non_inclusion(C) ALORS*
8.   *Lancer l'apprentissage d'un classifieur CLS sur Extension(C)*
9. $R = R \cup \{C \rightarrow CLS\}$
10.   *FIN SI*
11. *FIN POUR*

FIN

Algorithme 6 : Algorithme d'apprentissage de CITREC

5.1. Conversion de l'instance

Par conversion nous désignons le fait de transformer l'instance à classer de sa représentation d'origine (avec des attributs numériques et/ou nominaux) vers la représentation conceptuelle basée uniquement sur des attributs binaires, en respectant les mêmes attributs considérés lors de l'apprentissage. En d'autres termes, cette conversion devrait respecter les intervalles de chaque attribut défini lors de la discrétisation.

L'instance « Y » décrite au début de cette section serait donc convertie comme le montre le tableau 13 ci-dessous.

Obj.	sepallength			sepalwidth			petallength			petalwidth		
	]−∞,5.55]	(5.55,6.15]	]6.15,+∞[	]−∞,2.95]	(2.95,3.35]	]3.35,+∞[	]−∞,2.45]	(2.45,4.75]	]4.75,+∞[	]−∞,0.8]	(0.8,1.75]	]1.75,+∞[
« Y »	X			X				X			X	

Tableau 13 : Contexte formel relatif à l'instance « Y » à classer

5.2. Recherche des classifieurs contextuels activés par la nouvelle instance

Cette étape consiste à ajouter l'instance dans notre treillis d'index et de marquer les nœuds auxquels cette nouvelle instance a été affectée. Sachant qu'on ne doit marquer que les nœuds incorporant un classifieur. La façon la plus simple de marquer ces nœuds consiste à parcourir l'ensemble des nœuds incorporant des classifieurs et de sélectionner les concepts dont l'intension de l'instance à classer est incluse dans l'intension du concept à marquer.

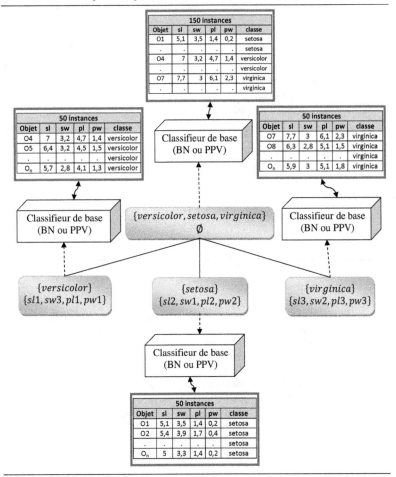

Figure 12 : Treillis d'index relatif à l'exemple illustratif avec les classifieurs incorporés aux nœuds

5.3. Vote majoritaire et décision

Après avoir trouvé les classifieurs contextuels concernés par l'instance à classer, nous déclenchons la classification de l'instance originale (avant la conversion) par les différents classifieurs. Ensuite nous effectuons un vote majoritaire sur les résultats de chacun des classifieurs. La classe ayant eu plus de vote est celle de la nouvelle instance.

Nous insistons sur le fait que la classification au sein des nœuds est effectuée avec l'instance brute avant le prétraitement et ceci pour surpasser la perte de précision engendrée par la discrétisation.

Si nous considérons notre exemple illustratif, nous aurons deux votes identiques issus des classifieurs de base relatifs aux deux nœuds activés par l'instance « Y ». Ces deux votes indiquent que la classe de cette nouvelle instance est « setosa » (voir figure 13). Ainsi, la décision finale relative à la classe de « Y » serait « setosa ».

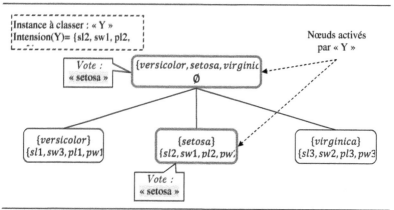

Figure 13 : Vote majoritaire des classifieurs pour le classement de l'instance « Y »

5.4. L'algorithme de classement de CITREC

Dans cette section nous présentons l'algorithme de classement de CITREC (voir algorithme 7 page 60) que nous décrivons dans ce qui suit.

L'algorithme commence par initialiser $R_{activees}$ avec l'ensemble des règles contextuelles activées et dont l'intension du concept associé est incluse dans l'instance à classer x (ligne 1). Ensuite, le tableau $vote[]$, qui sert à stocker les votes des différents classifieurs activés, est initialisé (ligne 2). Chaque case i de ce tableau désigne le nombre de votes correspondant à la classe i. À partir de la ligne 3, un parcours de toutes les règles contextuelles $r: C \rightarrow CLS$ appartenant à $R_{activees}$ est effectué pour récupérer le résultat de la classification de l'instance x retournée par les différents classifieurs.

Finalement, la décision finale relative à la classe de l'instance x est prise à la ligne 6. Cette étape consiste à sélectionner la classe qui a reçu le plus de votes par les différents classifieurs.

Procédure : Classement _ CITREC

Données : {x : *la nouvelle instance* à *classer***

Résultats : {*classe de l'instance x*

DEBUT

1. $R_{activees} \leftarrow \{r \colon C \rightarrow CLS \mid r \in R \ et \ Intension(C) \subseteq Instension(x) \}$
2. $vote[i] = 0 \ pour \ chaque \ classe \ i$
3. $POUR \ chaque \ regle \ contextuelle \ r \colon C \rightarrow CLS \ \in R_{activees}$
4. $\quad \mid \quad vote[CLS.classer(x)] = vote[CLS.classer(x)] + 1$
5. $FIN \ POUR$
6. $VoteFinal = indice\_max(nb[\ ])$
7. $Retourner \ (VoteFinal)$
8. $FIN \ POUR$

FIN

Algorithme 7 : Algorithme de classement de CITREC

---

6. CITREC est incrémental

L'avantage d'un système de classification incrémental est le fait que, lors de l'ajout d'une nouvelle instance à la base d'apprentissage, l'algorithme effectue seulement une mise à jour du modèle et non pas une reconstruction complète.

Nous notons que CITREC est incrémental par rapport à l'ajout de nouvelles classes et non pas de nouvelles instances de classe déjà existante à la base d'apprentissage. Autrement dit, pour mettre à jour son modèle de classification, CITREC accepte en entrée un ensemble d'instances d'apprentissage d'une nouvelle classe à inclure dans le modèle. Ce qui lui permettrait de reconnaître de nouvelles classes et non pas l'amélioration de la reconnaissance des classes du modèle de base.

Considérant notre exemple illustratif, comme nous l'avons déjà présenté au début du chapitre, la base IRIS comporte trois classes (« setosa », « versicolor » et « virginica »). L'aspect incrémental de CITREC peut être matérialisé par le fait que nous pouvons ajouter à son modèle de classification la prise en charge d'une nouvelle classe telle que l'espèce d'iris nommé « germanica ». Pour cela, nous avons besoin d'un ensemble d'instances de cette classe qui permettront à notre algorithme de mettre à jour son modèle, afin de tenir compte de cette classe.

Lors de l'ajout d'une nouvelle classe à la base d'apprentissage, CITREC opère en quatre étapes :

1) Rechercher l'instance centrale du groupe d'instances ajouté
2) Mise à jour du treillis d'index.
3) Mise à jour des nœuds affectés par l'ajout.
4) Création des classifieurs contextuels relatifs à chaque nouveau nœud pertinent.

Nous décrivons dans ce qui suit ces quatre étapes.

6.1. Recherche de l'instance centrale

Etant donné l'ensemble d'instances décrivant la nouvelle classe à prendre en charge, cette étape consiste à trouver l'instance centrale de ce groupe. Ceci est nécessaire, pour pouvoir l'intégrer ultérieurement au treillis index. Cette étape sous-entend la conversion de ces instances en une représentation à attributs binaires. Cette conversion est décrite dans la section de ce chapitre (voir page 56).

La recherche de l'instance centrale utilise le même algorithme décrit dans (Algorithme 5 à la page 54) mais en se limitant à l'ensemble d'instances à incorporer.

6.2. Mise à jour du treillis d'index

Cette étape nécessite un algorithme de construction du treillis de concept qui soit incrémental. Ce qui justifie notre choix pour l'algorithme de Godin [GODIN, et al., 1995] qui présente cet avantage.

En considérant l'instance centrale déduite lors de la première étape, le treillis index sera mis à jour par l'ajout de cette instance. Ceci va donc engendrer trois types de nœuds dans le treillis :

• Des nœuds non affectés par l'ajout
• Des nœuds modifiés par l'ajout
• Des nouveaux nœuds

6.3. Mise à jour des nœuds affectés par l'ajout

Il s'agit de parcourir les différents nœuds du treillis d'index affectés par l'ajout et de sélectionner les nœuds incorporant des classifieurs contextuels pour mettre à jour leurs classifieurs de base respectifs.

Un point important est que, le fait de mettre à jour les classifieurs de base, sous-entend l'aspect incrémental de ceux-ci. Pour cela, nous avons opté pour des versions incrémentales de nos classifieurs de bases.

6.4. Création et affectation des nouveaux classifieurs contextuels

Suite à l'ajout de la nouvelle classe au treillis d'index, certains nœuds répondent désormais aux deux contraintes de « support » et de « non-inclusion » (voir section

4.4.1 et 4.4.2 page 55), ceci nécessite alors l'exécution de la quatrième étape de la phase d'apprentissage (voir section 4.4 page 54).

6.5. L'algorithme de mise à jour de CITREC

Dans cette section nous présentons l'algorithme de mise à jour de CITREC (voir algorithme 8 ci-dessous). Nous tenons à indiquer que cet algorithme est exécuté lors de l'ajout d'un nouvel ensemble d'apprentissage relatif à la nouvelle classe à apprendre. Nous décrivons dans ce qui suit le déroulement de cet algorithme.

Procédure : MAJ_CITREC

Données :
$\{$ *N_classe* : *Désigne la nouvelle classe* à *apprendre*
$\{$ *Instances$_{N\_classe}$* : *Désigne l'ensemble des instances décrivant la nouvelle classe*

Résultats : $\{R$: *Désigne l'ensemble des règles contextuelles après la mise* à *jour*

DEBUT

1. $O_{N\_classe} = discretiser(Instances_{N\_classe})$
2. $Contexte_{N\_classe} = convertir\_en\_contexte(O_{N\_classe})$
3. $Instance_{centrale} = reduire\_contexte(Contexte_{N\_classe})$
4. $\mathcal{L}_{ancien} = \mathcal{L}$
5. $\mathcal{L} = MAJ\_treillis(Contexte_{centrale})$
6. *POUR chaque concept* $C \in \mathcal{L}$ *avec N_classe* $\in Extension(C)$ *FAIRE*
7.   *Si* $\{\exists\{r_1 : C_1 \to CLS_1\} \in R|$ *Extension*$(C_1) \subset$ *Extension*(C) $\}$/* Nœud existant
8.   *Mettre* à *jour* CLS_1 *pour tenir compte de Instances$_{N\_classe}$*
9.   *Sinon* /* Nouveau nœud ou nœud non affecté par l'ajout
10.   *Si Support*(C) *et Non_inclusion*(C) *ALORS*
11.   *Lancer l'apprentissage d'un classifieur CLS sur Extension*(C)
12. $R = R \cup \{C \to CLS\}$
13.   *FIN SI*
14.   *FIN SI*
15. *FIN POUR*

FIN

Algorithme 8 : Algorithme de mise à jour de CITREC

Tout comme l'algorithme d'apprentissage, cet algorithme commence par la discrétisation des attributs numériques de l'ensemble « *Instances$_{N\_classe}$* » qui décrit la nouvelle classe (ligne 1). Ensuite, les lignes 2 et 3 permettent de déterminer l'instance centrale de la nouvelle classe. À la ligne 4, nous conservons une copie du treillis d'index, avant l'ajout de la nouvelle instance, dans la variable $\mathcal{L}_{ancien}$ et ceci pour découvrir les nœuds affectés par l'ajout. Le treillis d'index $\mathcal{L}$ est ensuite mis à jour par la nouvelle instance centrale (ligne 5). L'étape de mise à jour et d'ajout des classifieurs contextuels est assuré par une boucle « *POUR* » (lige 6-15) qui parcourt les différents concepts appartenant au treillis d'index et contenant la nouvelle instance dans leurs extensions. Lors de ce parcours deux types de concepts peuvent se présenter à savoir :

- Concept déjà existant (ligne 7), et par conséquence, son classifieur de base est seulement mis à jour pour tenir compte de la nouvelle classe ;
- Nouveau concept, ce qui signifie, qu'un nouveau classifieur *CLS* doit être instancié et entrainé sur l'extension de ce concept. Par conséquent, une nouvelle règle contextuelle {*C → CLS*} sera ajoutée à l'ensemble *R* (ligne 12).

7. Conclusion

Dans ce chapitre, nous avons introduit un nouvel algorithme, baptisé CITREC, pour la classification supervisée, en se basant sur le formalisme de l'analyse formelle de concepts [Ganter, et al., 1999]. Cet algorithme utilise le treillis de concepts comme index qui permet le choix de classifieurs contextuels qui vont servir à la classification de la nouvelle instance. Ces classifieurs contextuels peuvent incorporer un classifieur bayésien naïf [Duda, 1973], par plus proches voisins [Dasarathy, 1991], ou tout autre classifieur incrémental. Cet aspect est nécessaire pour permettre à CITREC de mettre à jour son modèle de classification sans pour autant exécuter la phase d'apprentissage en totalité.

Nous notons que CITREC est inspiré de l'approche de classification hybride proposée par Xie dans [XIE, et al., 2002]. Dans le cadre de notre travail nous avons proposé une nouvelle approche qui permet de pallier certaines limites de ce dernier telles que l'aspect non incrémentale ou la complexité.

Le chapitre suivant décrit l'application de CITREC à la problématique de la reconnaissance de visages dont l'état de l'art a été présenté dans le deuxième chapitre du présent rapport. Cette application s'appuie sur un benchmark de plus de 1520 visages que nous présenterons au début du chapitre qui suit.

Chapitre 4
Application de CITREC dans la reconnaissance de visages et validation expérimentale

1. Introduction

La reconnaissance des visages est pour nous une faculté naturelle, familière, bien plus que les signaux que nous utilisons aujourd'hui pour communiquer avec une machine. Le développement des algorithmes de reconnaissance de visages s'inscrit dans une démarche visant à rendre l'ordinateur plus "humain" et va de pair avec la reconnaissance vocale, d'empreintes digitales ou tout autre système biométrique, comme nous l'avons développé dans le deuxième chapitre.

La reconnaissance de visages trouve de nombreuses applications dans le domaine de la sécurité. À titre d'exemples, nous citons la restriction d'accès à un lieu ou une machine et la criminologie (retrouver un visage dans une base de données à partir d'un portrait robot) pour lesquels des systèmes sont déjà opérationnels.

Dans ce chapitre, nous allons présenter l'application de notre approche de classification supervisée CITREC dans la problématique de reconnaissance de visages. Cette approche nous fera profiter de l'union de l'analyse formelle de concepts avec l'apprentissage à partir d'instances (classifieur à PPV [Dasarathy, 1991]) ou la classification bayésienne (classifieur bayésien naïf [Duda, 1973]) pour contribuer à la résolution de la problématique de reconnaissance de visages.

La deuxième partie de ce chapitre présente une étude expérimentale de CITREC comparé à d'autres algorithmes de la littérature, à savoir C4.5 [QUINLAN, 1993], CART [Breiman, et al., 1984], BFTree [Haijian, 2007], classifieur à plus proche voisins [Dasarathy, 1991], classifieur par réseau Bayésien [Pearl, 1985] et le classifieur Bayésien naïf [Duda, 1973].

Cette étude comporte deux scénarios d'expérimentations, à savoir :

- La validation de CITREC dans le cadre de la classification supervisée sur des benchmarks de différents domaines que nous présentons au cours de ce chapitre ;
- La validation de CITREC pour la reconnaissance de visages sur un benchmark de visages.

2. Application de CITREC pour la reconnaissance de visages

Avant de décrire l'application de CITREC pour la reconnaissance de visages, nous commençons par décrire le benchmark utilisé.

2.1. Présentation du benchmark

Notre base de visages expérimentale est la base BioID[7] qui consiste en 1521 images (384 x 288 pixels, niveaux de gris) de 23 personnes différentes (voir figure 14 page 66) et qui a été enregistrée durant plusieurs sessions dans différentes places et conditions d'illumination (voir figure 15 page 66).

Tout au long de ce chapitre, et pour des raisons de clarté, nous avons numéroté les différentes personnes de 1 à 23 (voir figure 14 page 66). Nous avons aussi numéroté les photos de chaque personne. Ainsi, pour désigner la 10ème photo de la 1ère personne on utilisera la notation « **1.10** » (voir figure 15 page 66).

En effet, nous avons présenté dans le deuxième chapitre une description de l'approche géométrique pour la reconnaissance de visages. Cette approche consiste à extraire les points spécifiques du visage tels que les centres des yeux ou les deux extrémités de la bouche, afin d'établir un modèle permettant de décrire le visage humain. Ce modèle sera ensuite utilisé pour l'apprentissage et le classement.

Dans ce qui suit, nous désignons par « annoter un visage » le fait d'en localiser les points spécifiques sur sa photo. Nous notons que, pour aboutir à un modèle descriptif du visage, nous devons absolument passer par l'étape de l'annotation que nous allons présenter dans la section suivante.

---

[7] The BioID Face Database : http://www.bioid.com/downloads/facedb/index.php

Figure 14 : Présentations des photos des différentes personnes du benchmark BioID

Figure 15 : Présentation des variations des photos d'une même personne du benchmark BioID

2.2. Annotation du benchmark

La première étape de construction du descripteur de visage est l'extraction des points caractéristiques. Cette étape a été largement étudiée dans la littérature [Haiyuan, et al., 1996, Hua, et al., 2003, MASIP, et al., 2005]. Ceci a permis l'apparition de plusieurs algorithmes permettant une annotation automatisée des visages tels que les algorithmes décrits dans [Nakamizo, et al., 2004, Nan, et al., 2006, Zulkifli, et al., 2006]. Cependant, pour évaluer efficacement un système de reconnaissance faciale, une annotation manuelle des visages de la base d'apprentissage s'avère avantageuse par rapport à l'annotation automatisée. Ceci est dû à l'habilité et la précision élevée de l'œil humain pour ce genre de tâches.

En partant de ce constat, le groupe de travail FGnet[8] a procédé à l'annotation des visages de la base BioID décrite au début de cette section. Cette annotation consiste à la localisation de 20 points caractéristiques du visage humain. Ces points sont présentés dans la figure 16 (voir page 67).

2.3. Extension de l'annotation du benchmark

Dans le cadre de notre travail, nous avons proposé d'étendre l'annotation fournie par FGnet de 20 points à 36 points caractéristiques. Les 16 points que nous avons ajoutés ont un impact remarquable sur les résultats, vu leurs emplacements stratégiques. L'emplacement de ces points a été proposé sans formalisation dans [Ingemar, et al., 1996]. Nous présenterons dans ce qui suit une formalisation de la localisation de ces points.

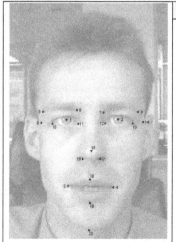

Désignation des points
1. Pupille de l'œil droit
2. Pupille de l'œil gauche
3. Coin droit de la bouche
4. Coin gauche de la bouche
5. Extrémité externe du sourcil droit
6. Extrémité interne du sourcil droit
7. Extrémité interne du sourcil gauche
8. Extrémité externe du sourcil gauche
9. Extrémité droite du visage (au niveau des yeux)
10. Coin externe de l'œil droit
11. Coin interne de l'œil droit
12. Coin interne de l'œil gauche
13. Coin externe de l'œil gauche
14. Extrémité gauche du visage (au niveau des yeux)
15. Bout du nez
16. Narine droite
17. Narine gauche
18. Centre du bord externe de la lèvre haute
19. Centre du bord externe de la lèvre basse
20. Bout du menton

Figure 16 : Annotation de base du benchmark BioID

---

[8] FGnet est le groupe de travail européen pour la reconnaissance faciale et gestuelle. Ce groupe a pour objectif d'encourager le développement de méthodes pour la reconnaissance de visages et la reconnaissance gestuelle.

Les points qui ont été ajoutés ont été placés sur des droites formées par certains points de l'annotation d'origine. Ces points sont présentés sur la figure 17 (voir page 68) avec la couleur rouge (21 à 36) tandis que les points de l'annotation d'origine qui ont servis à leur localisation sont représentés en vert.

Nous notons que, pour pouvoir accomplir la phase de l'annotation, nous avons développé à cet effet un outil qui assiste l'utilisateur lors de cette phase. Cet outil permet aussi à l'utilisateur d'affecter l'identifiant de la personne relative à chaque photo des visages. Nous avons distribué par la suite cet outil à différents acteurs au sein de l'institut supérieur des arts multimédias (ISAMM) afin de contribuer à cette phase. L'annotation complète a pris plus de vingt heures de travail.

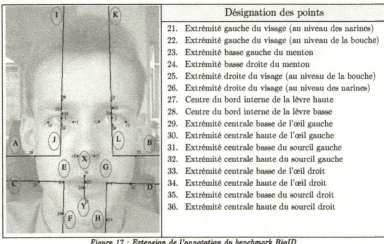

	Désignation des points
21.	Extrémité gauche du visage (au niveau des narines)
22.	Extrémité gauche du visage (au niveau de la bouche)
23.	Extrémité basse gauche du menton
24.	Extrémité basse droite du menton
25.	Extrémité droite du visage (au niveau de la bouche)
26.	Extrémité droite du visage (au niveau des narines)
27.	Centre du bord interne de la lèvre haute
28.	Centre du bord interne de la lèvre basse
29.	Extrémité centrale basse de l'œil gauche
30.	Extrémité centrale haute de l'œil gauche
31.	Extrémité centrale basse du sourcil gauche
32.	Extrémité centrale haute du sourcil gauche
33.	Extrémité centrale basse de l'œil droit
34.	Extrémité centrale haute de l'œil droit
35.	Extrémité centrale basse du sourcil droit
36.	Extrémité centrale haute du sourcil droit

Figure 17 : Extension de l'annotation du benchmark BioID

2.3.1. Description des points ajoutés

Tous les points que nous avons ajoutés à l'annotation d'origine appartiennent à des droites significatives qui ont été déduites des points de base. Ces droites sont présentées dans le tableau 14 ci-dessous.

Désignation	Coordonnées
(AB)	Droite $(pt_{16}\ pt_{17})$
(CD)	Droite $(pt_3\ pt_4)$
(EF)	La droite perpendiculaire à la droite $(pt_3\ pt_4)$ passant par pt_3
(GH)	La droite perpendiculaire à la droite $(pt_3\ pt_4)$ passant par pt_4
(IJ)	La droite perpendiculaire à la droite $(pt_{10}\ pt_{11})$ passant par pt_1
(KL)	La droite perpendiculaire à la droite $(pt_{12}\ pt_{13})$ passant par pt_2
(XY)	Droite $(pt_{18}\ pt_{19})$

Tableau 14 : Description des droites porteuses des points de l'extension

Le tableau 15 présente les points ajoutés en indiquant, pour chaque point, sa droite porteuse et sa localisation sur cette droite.

Point	Droite porteuse	Localisation
21	(AB)	Intersection avec le bord gauche du visage
22	(CD)	Intersection avec le bord gauche du visage
23	(GH)	Intersection avec le bord bas du visage
24	(EF)	Intersection avec le bord bas du visage
25	(CD)	Intersection avec le bord gauche du visage
26	(AB)	Intersection avec le bord droit du visage
27	(XY)	Intersection avec le bord bas de la lèvre haute
28	(XY)	Intersection avec le bord haut de la lèvre basse
29	(KL)	Intersection avec le bord bas de l'œil gauche
30	(KL)	Intersection avec le bord haut de l'œil gauche
31	(KL)	Intersection avec le bord bas du sourcil gauche
32	(KL)	Intersection avec le bord haut du sourcil gauche
33	(IJ)	Intersection avec le bord bas de l'œil droit
34	(IJ)	Intersection avec le bord haut de l'œil droit
35	(IJ)	Intersection avec le bord bas du sourcil droit
36	(IJ)	Intersection avec le bord haut du sourcil droit

Tableau 15 : Localisation des points de l'extension

2.4. Modélisation du visage

Formellement, le modèle du visage n'est autre qu'une traduction de la réalité qui nous permettra de l'utiliser dans le cadre de notre algorithme de classification CITREC. Ce modèle sera construit à partir des points caractéristiques présentés dans les sections précédentes.

Nous notons que ce modèle sera basé sur les distances entre les points et non sur leurs positions. C'est-à-dire qu'il contiendra un ensemble de distances normalisées, et ce, pour minimiser la différence entre les modèles de deux visages d'une même personne.

2.4.1. Formalisation mathématique

Sur un visage, nous considérons qu'un point est représenté par deux coordonnées x et y, soit pt_i un point, nous avons :

$$pt_i = \{(x_i, y_i) | x_i \geq 0 \ et \ y_i \geq 0\}$$

Exemple 5 *Pour i=1 on a : $pt_1 = (x_1, y_1)$ avec* $\begin{cases} x_1 = abscisse\ du\ point\ pt_1 \\ y_1 = ordonné\ du\ point\ pt_1 \end{cases}$

Nous désignons par v la représentation d'un visage :

$$v = \{c_i | i = 1 \dots 30\} = \begin{cases} c_1 \\ c_2 \\ \cdot \\ \cdot \\ c_{30} \end{cases}$$

Comme nous l'avons déjà présenté dans la section précédente, le modèle du visage se base sur les distances entre les points. Ainsi on désigne par $d_{\overline{a,b}}$ la distance euclidienne entre deux points a et b avec $\begin{cases} 1 \leq a \leq 36 \\ 1 \leq b \leq 36 \\ a \neq b \end{cases}$

Soit :

$$d_{\overline{a,b}} = \sqrt{(x_b - x_a)^2 + (y_b - y_a)^2}$$

Nous notons que toutes les distances sont normalisées par la distance entre les deux pupilles des yeux (distance entre pt_1 et pt_2) pour assurer l'invariance des mesures par rapport à la distance entre l'individu et le dispositif de capture de la photo lors de la prise de vue.

Nous désignons par $^n d_{\overline{a,b}}$ la distance euclidienne normalisée entre les points a et b.

De ce fait, nous avons :

$$^n d_{\overline{a,b}} = \frac{d_{\overline{a,b}}}{d_{\overline{1,2}}} = \frac{\sqrt{(x_b - x_a)^2 + (y_b - y_a)^2}}{\sqrt{(x_2 - x_1)^2 + (y_2 - y_1)^2}}$$

Le modèle v représentant un visage est présenté dans la figure 19 (voir page 71).

Nous passons dans ce qui suit à la description de CITREC dans la problématique de la reconnaissance de visages.

2.5. Application de CITREC dans la reconnaissance de visages

Après avoir présenté le modèle descripteur du visage, nous passons à la présentation de l'application de reconnaissance basée sur CITREC. Lors de la phase d'apprentissage ou de classement, CITREC accepte en paramètre le modèle mathématique du visage comme le décrit la figure 18

2.6. . Avantages de CITREC pour le modèle du visage

Lors de l'étape de la détermination de l'instance centrale nécessaire à la construction du treillis index (voir section 4.2 du chapitre 3), toutes les instances d'une même classe seront réduites à une seule instance. Cette instance représentative devrait minimiser la distance par rapport aux autres instances de la même classe. Ainsi, l'idéal serait que cette distance soit nulle par rapport à toutes ces dernières. Cette situation est utopique, car, pour annuler cette distance toutes les instances devraient avoir la même représentation dans le contexte après la discrétisation. Ce qui n'est pas le cas dans la réalité perçue.

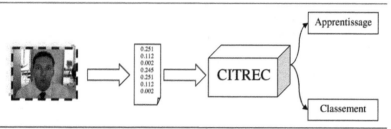

Figure 18 : Processus d'apprentissage et de classement de CITREC

c	Mesure	c	Mesure
c_1	$^n d_{\overline{6,7}}$	c_{16}	$^n d_{\overline{21,26}}$
c_2	$^n d_{\overline{3,4}}$	c_{17}	$^n d_{\overline{22,25}}$
c_3	$^n d_{\overline{14,9}}$	c_{18}	$^n d_{\overline{23,24}}$
c_4	$^n d_{\overline{19,20}}$	c_{19}	$^n d_{\overline{3,24}}$
c_5	$^n d_{\overline{15,18}}$	c_{20}	$^n d_{\overline{4,23}}$
c_6	$^n d_{\overline{16,17}}$	c_{21}	$^n d_{\overline{27,18}}$
c_7	$^n d_{\overline{11,15}}$	c_{22}	$^n d_{\overline{28,19}}$
c_8	$^n d_{\overline{12,15}}$	c_{23}	$\left(^n d_{\overline{29,30}} + {}^n d_{\overline{33,34}}\right)/2$
c_9	$\left(^n d_{\overline{11,6}} + {}^n d_{\overline{12,7}}\right)/2$	c_{24}	$\left(^n d_{\overline{9,26}} + {}^n d_{\overline{14,21}}\right)/2$
c_{10}	$\left(^n d_{\overline{8,7}} + {}^n d_{\overline{6,5}}\right)/2$	c_{25}	$\left(^n d_{\overline{26,25}} + {}^n d_{\overline{21,22}}\right)/2$
c_{11}	$\left(^n d_{\overline{10,9}} + {}^n d_{\overline{13,14}}\right)/2$	c_{26}	$\left(^n d_{\overline{25,24}} + {}^n d_{\overline{22,23}}\right)/2$
c_{12}	$\left(^n d_{\overline{12,4}} + {}^n d_{\overline{11,3}}\right)/2$	c_{27}	$\left(^n d_{\overline{30,31}} + {}^n d_{\overline{34,35}}\right)/2$
c_{13}	$\left(^n d_{\overline{12,17}} + {}^n d_{\overline{11,16}}\right)/2$	c_{28}	$\left(^n d_{\overline{31,32}} + {}^n d_{\overline{35,36}}\right)/2$
c_{14}	$\left(^n d_{\overline{13,8}} + {}^n d_{\overline{10,5}}\right)/2$	c_{29}	$\left(^n d_{\overline{36,6}} + {}^n d_{\overline{32,7}}\right)/2$
c_{15}	$\left(^n d_{\overline{12,13}} + {}^n d_{\overline{10,11}}\right)/2$	c_{30}	$\left(^n d_{\overline{36,5}} + {}^n d_{\overline{32,8}}\right)/2$

Figure 19 : Modèle mathématique du visage

Le modèle du visage tel que défini précédemment, nous met presque dans cette situation. Autrement-dit, pour deux photos de visage d'une même personne, ce modèle change légèrement, puisque toutes les distances sont pondérées par la distance entre les deux pupilles, ce qui rend ce modèle quasi-invariant aux différentes positions du visage.

Par conséquent, le treillis index de CITREC serait très efficace lors du classement en n'activant que les nœuds significatifs.

3. Validation expérimentale de l'approche CITREC

Avant de présenter et discuter nos résultats expérimentaux, nous présentons la démarche expérimentale suivie.

3.1. Démarche expérimentale

En vu de valider notre approche de classification supervisée et souligner son apport, nous présenterons une évaluation expérimentale permettant d'analyser l'impact des différents paramètres utilisés par CITREC sur ses performances. Cette évaluation est enrichie par une suite de comparaisons avec d'autres algorithmes existants dans la littérature, à savoir C4.5 [QUINLAN, 1993], CART [Breiman, et al., 1984] et BFTree [Haijian, 2007]. Ces comparaisons sont réalisées par rapport à trois variantes de CITREC qui sont CITREC$_{PPV}$, CITREC$_{RB}$ et CITREC$_{BN}$. Ces variantes incorporent respectivement un classifieur à plus proche voisins [Dasarathy, 1991], un classifieur par réseau Bayésien [Pearl, 1985] et un classifieur Bayésien naïf [Duda, 1973]. Nous avons aussi comparé chaque variante de CITREC avec son classifieur de base correspondant.

Afin de fournir des résultats vérifiables, nous avons adapté CITREC pour pouvoir l'intégrer dans l'environnement d'évaluation des algorithmes de datamining nommé WEKA [Witten, et al., 2005] que nous allons présenter dans la section suivante.

3.1.1. Présentation de Weka

Weka est une collection d'algorithmes implémentés en Java dans le but de traiter les problèmes de fouille de données. Il contient des outils pour le prétraitement de données, la classification, les règles d'association, la visualisation, etc. [JARDINO, 2003]

Il se compose principalement :

- De classes Java permettant de charger et de manipuler les données.
- De classes pour les principaux algorithmes de classification supervisée ou non supervisée
- D'outils de sélection d'attributs et de statistiques sur ces attributs.
- De classes permettant de visualiser les résultats.

Weka peut s'utiliser de plusieurs façons, à savoir :

- Par l'intermédiaire d'une interface utilisateur.
- Sur la ligne de commande.
- Par l'utilisation des classes fournies à l'intérieur de programmes Java : toutes les classes sont documentées dans les règles de l'art.

Pour l'évaluation des classifieurs, Weka dispose de différentes méthodes, à savoir :

- Ensemble de test, qui consiste à évaluer le modèle sur un autre jeu de données (a priori différent de celui utilisé pour construire le modèle)
- Validation croisée, qui consiste à diviser les données en n groupes. On construit les modèles sur n-1 groupes et on les teste sur le $n^{ième}$ groupe. Puis on change de groupe test et on répète le même procédé jusqu'a avoir réalisé toutes les combinaisons. On considère alors la moyenne des validations comme la validation finale.
- Calcul de pourcentage de l'ensemble de données, qui consiste à utiliser un certain pourcentage des données pour construire le modèle et l'autre partie pour le valider.

L'aspect qui nous intéresse le plus dans Weka pour nos validations expérimentations c'est sans doute son environnement d'expérimentation nommé « Experimenter » qui permet à l'utilisateur de créer, lancer, modifier et analyser des expériences de manière plus souple que l'utilisation des classifieurs individuellement. Par exemple, l'utilisateur peut créer une expérience qui lance plusieurs classifieurs sur des séries d'ensembles de données et analyse les résultats pour déterminer si l'un des classifieurs est statistiquement meilleur que les autres [JARDINO, 2003].

3.1.2. Intégration de CITREC dans Weka

Comme nous l'avons présenté dans la section précédente, Weka est une collection de classes java traitant les problèmes de fouille de données. Cette collection a été conçue de façon à permettre l'extension continue par les différents développeurs qui contribuent à ce projet. Cette extensibilité est dûe à une conception ouverte et évolutive de Weka, en plus de la disponibilité du code source complet de toutes les classes de Weka.

Parmi les problématiques du datamining traitées par les algorithmes intégrés dans Weka nous citons la classification. Cette fonctionnalité est implémentée par le biais de différentes classes java qui héritent toutes d'une superclasse nommée « Classifier ». Les méthodes principales de cette classe sont présentées dans le Tableau 16 (voir page 73).

Ainsi, pour pouvoir intégrer un nouveau classifieur dans Weka, il faut absolument que la classe de ce classifieur hérite de la superclasse « Classifier » et implémente les trois méthodes citées précédemment. Cette nouvelle classe devrait être placée dans un sous-package de Weka pour être disponible dans la liste des classifieurs intégrés dans l'environnement de Weka.

Nom de la méthode	Paramètres d'entrée	Sortie
`setOptions`	Liste des options à passer au classifieur	Changer les paramètres du classifieur par ceux passés en paramètre
`buildClassifier`	Collection des instances d'apprentissages	Construction du modèle de classification
`classifyInstance`	Une nouvelle instance à classer	La classe de la nouvelle instance à classer

Tableau 16 : Les méthodes principales de la classe « Classifier » de Weka

La figure 21 (voir page 75) présente l'outil de l'évaluation individuelle de classifieurs nommé « Explorer », avec sa liste de classifieurs supportés. Nous notons la présence de CITREC dans le sous-package « misc » qui contient les classifieurs qui ne peuvent pas être classés avec les autres catégories de classifieurs (ex. les sous-packages « bayes », « trees », « lazy » etc.)

Nous notons que CITREC accepte en entrée deux paramètres, à savoir :

1) Le classifieur de base qui sera incorporé dans les nœuds du treillis d'index ;
2) La méthode de discrétisation des attributs numériques.

Afin de supporter ce type de paramétrage, CITREC devrait hériter de la classe « FilteredClassifier » qui hérite à son tour de la classe « Classifier ». Dans la Figure 20 nous présentons la hiérarchie de ces classes.

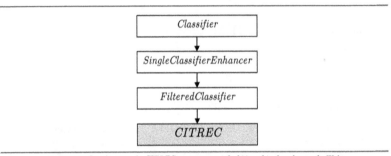

Figure 20 : Localisation de CITREC par rapport à la hiérarchie des classes de Weka

De plus, Weka présente une interface graphique permettant de paramétrer les différents classifieurs. Dans la figure 22 (voir page 75) nous présentons le formulaire de paramétrage de CITREC. Dans cet exemple, nous avons choisi le classifieur bayésien naïf (NaiveBayes) [Duda, 1973] comme classifieur de base et la méthode de Fayyad [FAYYAD, et al., 1993] pour la discrétisation.

Une fois que nous avons paramétré CITREC, on pourrait l'appliquer librement à un ensemble de données pour ensuite apprécier les résultats correspondants et pouvoir même les comparer avec d'autres classifieurs. Nous présentons dans la figure 23 (voir page 76) les résultats donnés par CITREC avec l'ensemble de données IRIS [Fisher, 1936].

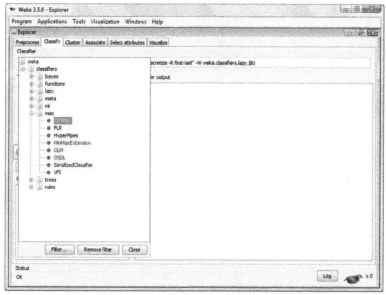

Figure 21 : « Explorer » : l'outil de l'évaluation individuelle de classifieurs de Weka

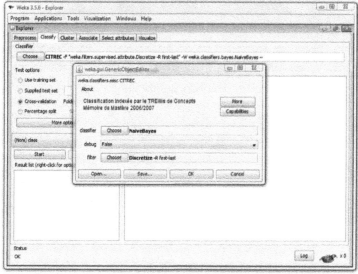

Figure 22 : Formulaire de paramétrage de CITREC dans l'environnement de Weka

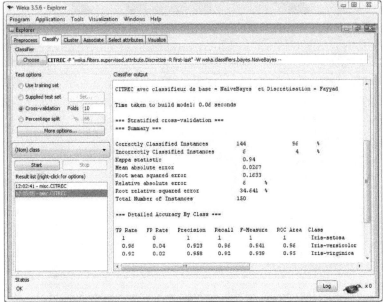

Figure 23 : Les résultats données par CITREC avec l'ensemble de données IRIS

3.2. Résultats et discussion

Nos expérimentations sont menées en deux scénarios. Dans un premier temps, nous validons CITREC sur des données de différents domaines. Tandis que le deuxième scénario concerne uniquement le domaine de reconnaissance de visages en utilisant l'ensemble de données BioID que nous avons déjà présenté.

Nous signalons que nous avons choisi le pourcentage de classifications correctes (PCC) comme critère d'évaluation de la performance des différents algorithmes de classification. Concernant la méthode de validation, nous avons opté pour la validation croisée d'ordre 10.

Pour mettre en œuvre les expérimentations, nous avons eu recours à l'outil d'expérimentation nommé « Experimenter » de Weka. La figure 24 ci-dessous présente le formulaire de paramétrage de cet outil.

3.2.1. Expérimentation avec des données de différents domaines

Dans le cadre de nos expérimentations, nous avons sélectionné plusieurs benchmarks utilisés dans la littérature [Merz, et al., 1996]. Ces ensembles de données sont divisés suivant la nature de leurs attributs qui peuvent être nominaux et/ou numériques. Les caractéristiques de ces ensembles de données sont résumées dans le tableau 17. Ce tableau définit, pour chaque benchmark, le type et le nombre de ses attributs, le nombre de classes et le nombre d'instances.

Figure 24 : Interface de paramètrage de l'outil « Experimenter » de Weka

Benchmark	Attributs numériques ou nominaux	Nombre d'attributs	Nombre de classes	Nombre d'instances
balance-scale	Numériques	4	3	625
breast-cancer	Nominaux	5	2	286
contact-lenses	Nominaux	4	3	24
haberman	Les deux	3	3	306
iris	Numériques	4	3	150
postoperative-patient-data	Nominaux	8	3	90
weather-symbolic	Nominaux	4	2	14
wisconsin-breast-cancer	Numériques	9	2	699
pima_diabetes	Numériques	8	2	768
segment	Numériques	19	7	2310
sonar	Numériques	60	2	208
soybean	Les deux	35	19	683
vowel	Les deux	13	11	990
bridges-version1	Les deux	12	6	105
bridges-version2	Nominaux	12	6	105

Tableau 17 : Présentation des benchmarks de différents domaines utilisés pour la validation expérimentale

3.2.1.1. Comparaison avec les algorithmes cités

D'après les résultats présentés dans le tableau 18 (voir page 78), nous remarquons que pour presque 50% des ensembles de données de test, les variantes de CITREC fournissent des résultats meilleurs ou égaux à leur classifieur de base (Voir colonne « CITREC(RB) »). Si nous observons les points communs existants entre ces différents ensembles de données, nous allons remarquer que : i) la majorité ne renferme que des attributs nominaux (breast-cancer, contact-lenses, postoperative-patient-data, bridges-version2) et ii), la représentation des instances de la majorité de ces ensemble de données est assez similaire pour une même classe. Nous avons observé cette similarité en calculant le cumul des distances entre les différentes instances d'une même classe et l'instance centrale.

Cette caractéristique a fait que CITREC fournit de meilleurs résultats par rapport aux classifieurs de base. Ceci peut s'expliquer par l'efficacité accrue du treillis d'index pour ce genre d'ensemble de données. En effet, dans ce cas, ce treillis va assurer un bon partitionnement des instances lors de la phase de classement.

Pour les ensembles de données avec des attributs numériques, nous remarquons qu'il y'a une dégradation des performances de CITREC par rapport aux classifieurs de base. Ceci est dû à la perte de précision engendrée par la méthode de discrétisation des attributs numériques que nous pouvons y remédier avec une approche à base de logique floue.

Dans la section suivante, nous allons présenter l'impact du choix de la méthode de discrétisation sur les performances de CITREC.

	C4.5	BFTree	CART	PPV	CITREC (PPV)	Réseau Bayésien	CITREC (RB)	Bayésien Naïf	CITREC (BN)
balance-scale	76,65	78,73	79,05	79,03	62,56	72,30	**72,62**	90,39	87,84
breast-cancer	75,54	67,86	69,26	65,74	**68,90**	72,07	70,30	71,70	70,30
contact-lenses	81,67	78,33	78,33	63,33	46,67	71,67	**73,33**	71,67	**73,33**
haberman	72,86	71,87	74,49	66,67	**67,71**	72,52	**73,18**	76,09	**76,42**
iris	96,00	94,67	95,33	95,33	**96,00**	92,67	**92,67**	96,00	**96,00**
postoperative-patient-data	70,00	68,89	71,11	57,78	**70,00**	64,44	**70,00**	66,67	**70,00**
weather-symbolic	55,00	55,00	40,00	50,00	40,00	60,00	**60,00**	60,00	**60,00**
wisconsin-breast-cancer	94,56	94,28	94,85	95,28	80,98	97,14	82,40	95,99	81,54
pima_diabetes	73,83	73,57	75,13	70,17	**70,17**	74,36	**74,36**	76,31	**76,31**
segment	96,93	95,93	96,23	97,14	83,38	91,43	79,70	80,22	71,47
sonar	71,17	71,67	71,21	86,57	46,62	80,29	46,62	67,88	46,62
soybean	91,51	91,36	91,21	89,89	68,08	93,26	70,13	92,96	69,84
vowel	81,52	79,60	80,30	99,29	97,07	60,81	61,31	63,74	62,12
bridges-version1	58,09	41,91	41,91	66,73	61,91	63,64	59,64	69,09	57,55
bridges-version2	56,18	41,91	41,91	59,91	**61,73**	61,64	56,82	66,36	59,73

Tableau 18 : Comparaison des résultats de CITREC par rapport aux résultats des différents algorithmes sur les différents benchmarks

3.2.1.2. Impact de la méthode de discrétisation

Le tableau 19 (voir page 80) présente les différents résultats des trois variantes de CITREC en utilisant trois méthodes de discrétisation différentes, à savoir :

- la méthode de Fayyad et Irani [FAYYAD, et al., 1993] ;
- la méthode de Kononenko [Kononenko, 1995] ;
- une méthode non supervisé générique qui divise les valeurs de chaque attribut en k intervalles qui renferment le même nombre d'instances en ignorant leur classe.

Les deux premières méthodes sont des méthodes de discrétisation supervisée, autrement-dit qu'elles tiennent compte de la classe des instances lors du partitionnement, tandis que la troisième méthode est non supervisée. Elle ignore par conséquent la classe des instances. Cette méthode non supervisée accepte en paramètre la valeur de k qui définit le nombre d'intervalles pour chaque attribut à considérer lors du partitionnement. Pour ce scénario d'expérimentations, nous avons fixé à 2 la valeur du paramètre k. Le choix de cette valeur sera justifié ultérieurement en permettant à CITREC d'avoir les meilleurs résultats.

D'après les résultats présentés dans le tableau 19, nous remarquons un avantage clair de la méthode non supervisée par rapport aux autres méthodes, et ceci, pour toutes les variantes de CITREC. Ceci s'explique par le nombre réduit de partitions par attributs (que nous avons fixé à 2) généré par cette méthode comparé aux nombres assez élevés de partitions générés par les autres méthodes qui peut aller jusqu'à 10 ou plus pour certains attributs.

En effet, avec un nombre réduit de partition par attribut, le contexte binaire global aura moins d'attributs binaires, ce qui engendrera plus de similarité entre les instances d'une même classe. Et ceci va influencer le choix des instances centrales de chaque classe et, par conséquent, améliorer l'efficacité du treillis index qui va assurer un meilleur partitionnement des instances.

Pour confirmer notre constatation, nous présenterons dans la section suivante un comparatif entre les différents résultats de CITREC avec la méthode non supervisée, et ce, en utilisant plusieurs valeurs du paramètre k *(nombre de partitions par attribut).*

3.2.1.3. Impact du nombre d'intervalles pour la discrétisation non supervisée sur CITREC

Le tableau 20 (voir page 80) présente les différents PCC des trois variantes de CITREC en utilisant la méthode de discrétisation non supervisée avec 5 valeurs différentes du paramètre k relatif au nombre de partitions par attribut numérique. Ces résultats confirment nos constatations énoncées à la section précédente. Ainsi, nous montrons expérimentalement que les meilleurs résultats de CITREC sont atteints avec la méthode de discrétisation non supervisée en fixant le paramètre k à 2.

	CITREC (PPV)			CITREC(RB)			CITREC(BN)		
	Fayyad	Kononenko	Non Supervisé	Fayyad	Kononenko	Non Supervisé	Fayyad	Kononenko	Non Supervisé
balance-scale	62,56	62,72	62,56	71,50	71,02	72,62	88,81	87,68	87,84
haberman	67,37	67,37	67,71	72,87	72,87	73,18	76,11	76,11	76,42
iris	96,00	95,33	96,00	92,67	92,67	92,67	96,00	96,00	96,00
pima_diabetes	65,89	65,50	70,17	64,98	64,98	74,36	65,24	65,50	76,31
segment	44,81	80,30	83,38	42,73	76,23	79,70	39,18	69,13	71,47
sonar	51,48	49,05	46,62	48,07	48,55	46,62	48,07	46,62	46,62
vowel	69,60	51,01	97,07	45,15	33,94	61,31	46,77	36,16	62,12
bridges-version1	59,18	63,91	61,91	55,00	62,64	59,64	54,91	61,55	57,55
MOYENNE	**64,61**	**66,90**	**73,18**	**61,62**	**65,36**	**70,01**	**64,39**	**67,34**	**71,79**

Tableau 19 : Comparaison des résultats de CITREC avec les trois méthodes de discrétisation

	CITREC (PPV)					CITREC(RB)					CITREC(BN)				
	2	4	6	8	10	2	4	6	8	10	2	4	6	8	10
balance scale	62,56	60,94	63,36	63,36	63,36	72,62	70,35	73,08	73,08	73,08	87,84	85,57	89,59	89,59	89,59
haberman	67,71	67,71	68,01	68,33	68,33	73,18	73,18	73,19	73,19	73,53	76,42	76,42	73,52	73,19	73,53
iris	96,00	95,33	95,33	95,33	95,33	92,67	92,67	92,67	92,67	92,67	96,00	96,00	96,00	96,00	96,00
pima diabetes	70,17	67,44	66,92	65,49	66,39	74,36	68,36	65,89	65,89	66,54	76,31	70,84	67,71	66,28	68,36
segment	83,38	78,53	76,67	78,74	81,73	79,70	74,03	72,51	74,24	77,27	71,47	68,44	67,79	67,79	68,79
sonar	46,62	46,62	46,62	46,62	48,55	46,62	46,62	46,62	46,62	48,07	46,62	46,62	46,62	46,62	48,07
vowel	97,07	84,95	82,12	85,86	86,06	61,31	56,57	53,33	54,75	55,45	62,12	57,68	55,86	57,78	58,28
bridges v1	61,91	58,91	63,91	61,18	61,91	59,64	59,64	62,64	59,00	59,64	57,55	57,55	61,55	58,82	57,55
MOYENNE	**73,18**	**70,05**	**70,37**	**70,61**	**71,46**	**70,01**	**67,68**	**67,49**	**67,43**	**68,28**	**71,79**	**69,89**	**69,83**	**69,51**	**70,02**

Tableau 20 : Comparaison des résultats de CITREC avec la méthode de discrétisation non supervisée en variant le paramètre k relatif au nombre de partition par attributs

3.2.2. Expérimentation dans le cadre de la reconnaissance de visages

Dans le cadre de la reconnaissance du visage, nous allons utiliser l'ensemble de données que nous avons-nous-mêmes généré en utilisant le modèle du visage et l'annotation étendue que nous avons présenté dans la première partie de ce chapitre.

Le tableau 21 (voir page 81) présente les caractéristiques du benchmark que nous allons utiliser dans la suite de ce chapitre.

Nous notons que, les attributs représentent les différents champs du modèle du visage présenté précédemment, tandis que les classes représentent les personnes existantes dans la base BioID.

Benchmark	Type des attributs	Nombre d'attributs	Nombre de classes	Nombre d'instances
BioID-Etendu	Numériques	30	23	1521

Tableau 21 : Les caractéristiques de la version étendu du benchmark BioID

3.2.2.1. Comparaison avec les algorithmes cités

La première étape de nos expérimentations dans le cadre de la reconnaissance de visages porte sur la comparaison des résultats des différents algorithmes présentés précédemment par rapport à ceux des variantes de CITREC sur le benchmark des visages.

Le tableau 22 présente ces résultats en termes de PCC. Nous constatons un avantage des trois variantes de CITREC par rapport à leurs classifieurs de base respectifs, ainsi qu'un avantage par rapport aux autres algorithmes de la littérature. Ceci confirme expérimentalement l'adaptation de CITREC pour ce type de données, et par conséquent à la problématique de reconnaissance de visages. Ces résultats confirment aussi nos précédentes conclusions dans ce chapitre.

Nous constatons que la variante à plus proche voisins de CITREC l'emporte en matière de PCC. Ceci est due aux bons résultats de prédiction réalisé par le classifieur à plus proches voisins [Dasarathy, 1991] pour ce type de données. Cependant, nous devons analyser l'impacte de la variation du nombre de personnes dans la base sur les résultats de $CITREC_{PPV}$. Ces résultats seront présentés dans la section suivante.

3.2.2.2. Impact du nombre de personnes sur les résultats de CITREC

Dans cette section, nous allons analyser l'impact du nombre de personnes différentes existants dans la base sur les résultats de reconnaissance de CITREC. Ainsi, la figure 25 (voir page 82) présente la courbe de tendance du PCC de CITREC en fonction du nombre de personnes dans le benchmark.

Algorithme	Résultat
C4.5	79,62
BFTree	80,34
CART	80,41
PPV	96,65
$CITREC_{PPV}$	96,84
Réseau Bayésien	94,67
$CITREC_{RB}$	94,94
Bayésien Naïf	95,00
$CITREC_{BN}$	95,07

Tableau 22 : Comparaison des résultats de CITREC par rapports aux différents algorithmes sur le benchmark BioID

Nous remarquons que le PCC diminue légèrement avec l'augmentation du nombre de personnes et suit par conséquent une évolution linéaire. Entre 2 et 23 personnes dans la base, le PCC de CITREC n'a subi qu'une dégradation de moins de 2%. Ces taux se placent parmi les meilleurs taux enregistrés pour un système de reconnaissance de visages basé sur l'approche géométrique [Ingemar, et al., 1996].

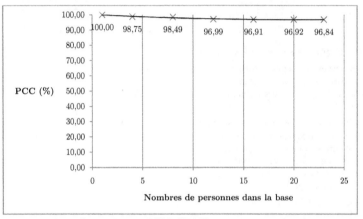

Figure 25 : La courbe de tendance du PCC de CITREC par rapport aux nombres de personnes dans le benchmark

3.2.2.3. Impact de l'extension de l'annotation sur les résultats des différents classifieurs

Nous avons présenté dans la première partie de ce chapitre, l'extension de l'annotation d'origine de la base BioID. Cette extension nous a permis de créer 15 attributs supplémentaires dans le modèle du visage (de c16 à c30). Le tableau 23 présente les résultats relatifs à l'annotation de base et ceux de l'annotation étendue.

En comparant l'annotation de base avec l'annotation étendue, nous remarquons une amélioration claire des résultats de tous les algorithmes de classification en utilisant le modèle issue de l'annotation étendue. Cette amélioration est due à la pertinence des attributs ajoutés, qui a augmenté la discrimination entre les personnes. Ces résultats justifient la phase de l'extension de l'annotation que nous avions menée et que nous avons présentée au début de ce chapitre.

Vu l'impact positif de l'extension de l'annotation sur la précision de la reconnaissance, nous proposons l'extension du modèle mathématique du visage pour tenir compte des angles formés par les différents points. Nous pourrions, par exemple, ajouter au modèle l'information de l'angle formé par les deux iris avec le bout du menton. Ceci augmentera encore la discrimination entre les personnes en tenant compte d'une mesure supplémentaire à la distance normalisé qui est celle de l'angle.

Algorithme	Annotation de base (15 att.)	Annotation étendue (30 att.)
C4.5	78,50	79,62
BFTree	77,39	80,34
CART	77,12	80,41
PPV	92,97	96,65
CITREC(PPV)	93,69	96,84
Réseau Bayésien	89,28	94,67
CITREC(RB)	91,32	94,94
Bayésien Naïf	92,24	95,00
CITREC(BN)	92,24	95,07

Tableau 23 : Comparaison des résultats des différents algorithmes avec l'annotation de base et l'annotation étendue

4. Conclusion

Dans ce chapitre, nous avons commencé par présenter l'application de CITREC dans la problématique de reconnaissance de visages. Nous avons aussi présenté une formalisation mathématique d'un modèle descriptif du visage humain. Nous avons consacré la deuxième partie de ce chapitre pour l'étude expérimentale de CITREC. Nous notons que nos expérimentations sont réparties en deux scénarios à savoir, l'expérimentation sur des benchmarks de différents domaines suivie de l'expérimentation de CITREC sur un benchmark de visages nommé BioID. Ces expérimentations ont montré que CITREC donne de bons résultats sur plus de 50% des benchmarks utilisés et devance tous les algorithmes de classifications que nous avons utilisé pour nos expérimentations pour le benchmark de visages. Ce qui prouve son adaptation pour la reconnaissance de visages.

Conclusion générale

Dans ce mémoire, nous avons proposé une nouvelle méthode de classification supervisée à base de treillis de Galois que nous avons nommé CITREC (**C**lassification Indexée par le **TRE**illis de **C**oncepts) dont l'originalité provient de la combinaison de l'*analyse formelle de concepts* [Ganter, et al., 1999] avec les approches de classification supervisée à inférence bayésienne [Duda, 1973, Pearl, 1985] ou à plus proches voisins [Dasarathy, 1991]. Notre approche s'inspire de celle proposée par Xie dans [XIE, et al., 2002] en essayant de pallier ses limites majeures tel que l'aspect non incrémental, la lourdeur de la phase d'apprentissage et le problème de mise à l'échelle (Scalability). Nous avons montré empiriquement sur 15 benchmarks relatifs à différents domaines en plus d'un benchmark du domaine de la reconnaissance de visages, qu'en moyenne, notre approche améliore les résultats de son classifieur de base et devance plusieurs algorithmes cités dans la littérature tels que : C4.5 [QUINLAN, 1993], CART [Breiman, et al., 1984] et BFTree [Haijian, 2007].

Bien que la reconnaissance des visages humains soit un domaine difficile à cause de la multitude des paramètres qu'il faut prendre en compte (variation de posture, éclairage, style de coiffure, port de lunettes, de barbes, de moustaches, vieillesse...), il est très important de s'en intéresser vu ses nombreux champs d'applications (vérification de personnes, télésurveillance, interfaces homme-machine ...). En partant de cette constatation nous avons choisi la reconnaissance de visages humains comme application de notre approche. Notre application se base sur le benchmark de visages nommé BioID[9] qui consiste en 1521 images (384 x 288 pixels, niveaux de gris) de 23 personnes différentes et qui ont été enregistrées durant plusieurs sessions dans différentes places et conditions d'illumination. Ainsi, pour pouvoir utiliser ce benchmark avec notre classifieur CITREC, nous avons utilisé l'annotation manuelle de ce benchmark proposée par le groupe de travail FGNet[10]. Toutefois, afin de formaliser mathématiquement le modèle du visage humain, nous avons étendu l'annotation d'origine en ajoutant 16 points dans des emplacements stratégiques. Nous avons montré lors de nos expérimentations l'impact positif de cette extension sur la

---

[9] The BioID Face Database : http://www.bioid.com/downloads/facedb/index.php

[10] FGnet est le groupe de travail européen pour la reconnaissance faciale et gestuelle. Ce groupe a pour objectif d'encourager le développement de méthodes pour la reconnaissance de visages et la reconnaissance gestuelle.

précision de la reconnaissance. Nous avons aussi montré expérimentalement que CITREC est plus performant que les autres algorithmes de classifications que nous avons testés pour la problématique de reconnaissance de visages. Nous notons qu'avec cette formalisation CITREC s'inscrit dans la famille des approches géométriques de reconnaissance de visages et ses résultats sont très satisfaisants pour un système de reconnaissance de visages basé sur cette approche [Ingemar, et al., 1996].

Même si les résultats que nous avons obtenus sont encourageants, plusieurs perspectives futures peuvent être envisagées pour l'amélioration des performances de CITREC, à savoir :

- L'étude de la possibilité de recourir à la logique floue pour la représentation des instances centrales des classes, et ce afin de minimiser la dégradation de la précision engendrée par la discrétisation des attributs numériques. Ce choix devrait surtout influencer la phase de génération du treillis d'index. Ainsi, il faut penser à définir la connexion de Galois floue avec un contexte flou approprié à la problématique.

- Étendre l'aspect incrémental de l'approche pour permettre l'ajout de nouvelles instances décrivant les classes déjà existantes dans le modèle d'apprentissage. Ceci permettre de surpasser la limite de notre approche qui ne permet que l'ajout de nouvelles classes sans refaire la phase d'apprentissage.

- L'amélioration de la pertinence du vote majoritaire en se basant sur la théorie de l'évidence. Ceci est possible grâce à l'affectation de plusieurs niveaux de crédibilité à chaque concept du treillis d'index qui sont déduites à partir de la précision des classifieurs contextuels associés.

- Pour l'application dans la reconnaissance de visages, plusieurs améliorations sont envisageables. Nous citons par exemple le perfectionnement du modèle représentatif du visage humain en tenant compte d'autres informations telles que les angles formés par les différents éléments du visage (i.e. l'angle formé par les deux iris avec le bout du menton, ou bien l'angle formé par le bout du nez avec les extrémités des sourcils etc.). Nous pourrions aussi établir une sélection empirique d'attributs sur ce modèle afin de ne garder que les attributs pertinents et améliorer par conséquent la capacité de généralisation du modèle.

L'ensemble de nos propositions est résumé dans un article que nous allons soumettre à la conférence internationale RFIA 2008.

Bibliographie

[Arnaud 2004]   J. Arnaud "La Bimétrie," in *SecuriteInfo.com : Société Sécurité Informatique Audits Firewalls.* SecuriteInfo.com, Ed., 2004 http://www.securiteinfo.com/conseils/biometrie.shtml, consulté le 24/5/2007.

[Balmisse, 2002]   G. Balmisse, *Gestion des connaissances. Outils et applications du knowledge management.* Paris: Vuibert, 2002.

[Bayes, 1763]   T. Bayes, *A essay toward solving a problem in the doctrine of chance.*: Philosophical Transactions of the Royal Society, 1763.

[Benkiniouar, et al., 2005] M. Benkiniouar et M. Benmohamed, "Méthodes d'identification et de reconnaissance de visages en temps réel basées sur AdaBoost," in *Journées d'informatique graphique (JIG)*, Biskra, Algérie, 2005.

[Bordat, 1986]   J. Bordat, "Calcul pratique du treillis de galois d'une correspondance," *Mathématiques, Informatiques et Sciences Humaines*, pp. 31-47, 1986.

[Bouveyron, 2006]   C. Bouveyron, *Modélisation et classification des données de grande dimension : application à l'analyse d'images.* Grenoble: Université Grenoble 1, 2006.

[Breiman, et al., 1984]   L. Breiman et J. Friedman, "Classification and Regression Tree," in *Wadsworth International*, California, 1984.

[Cappé, et al., 2002]   O. Cappé, M. Charbit, E. Moulines, M. Sigelle, E. Bratsolis, K. Hallouli, G. Picard, et E. Sanchez-Soto, "ENST/TSI -- Méthodes algorithmiques d'inférence et modèles de Markov cachés," 2002.

[Chellappa, et al., 1995]   R. Chellappa, C. L. Wilson, et S. Sirohey, "Human and Machine Recognition of Faces," in *Proceedings of the IEEE*, 1995, pp. 705-744.

[Clark, et al., 1991] P. Clark et R. Boswell, "Rule Induction with CN2 : Some Rexent Improvements," in *Fifth European Conference (EWSL-91)*, Berlin, 1991, pp. 151-163.

[CLUSIF, 2003]   CLUSIF, "Techniques de contrôle d'accès par biométrie," France 2003.

[Cornuéjols, 2003]   A. Cornuéjols, "Introduction aux réseaux bayésiens (Cours)," 2003.

[Cornuéjols, et al., 2002]   A. Cornuéjols et L. Miclet, *Apprentissage artificiel : concepts et algorithmes*: Eyrolles, 2002.

[Corruble, 2002]   V. Corruble, *Cours d'introduction à l'apprentissage symbolique et à la Fouille de données*: Laboratoire d'Informatique de Paris 6 - Université Pierre et Marie Curie, 2002.

[CREAC'H, 2007]   E. CREAC'H, "Comportements adaptatifs d'entités autonomes par systèmes de classeurs hiérarchiques," 2007.

[Danuta, et al., 2005]   Z. Danuta et M. Jan, "Clustering Algorithms for Bank Customer Segmentation," in *ISDA '05: Proceedings of the 5th International Conference on Intelligent Systems Design and Applications*, Washington, DC, USA, 2005, pp. 197--202.

[Dasarathy, 1991]   B. Dasarathy, "Nearest Neighbor (NN) norms: NN pattern classification techniques.," IEEE Computer Society Press 1991.

[David, et al., 1993]   J.-M. David, J.-P. Krivine, et R. Simmons, "Second Generation Expert Systems," Springer-Verlag 1993.

[Department of State, 2006a]   Department of State, "Department of State Begins Issuance of an Electronic Passport," Washington, DC, 2006a http://www.state.gov/r/pa/prs/ps/2006/61538.htm, consulté le 19/4/2007.

[Department of State, 2006b]   Department of State, "Department of State Begins Issuing Electronic Passports to the Public," Washington, DC, 2006b http://www.state.gov/r/pa/prs/ps/2006/70433.htm, consulté le 19/4/2007.

[Dominic, et al., 2005]   P.-B. Dominic et K. Miao, "ADFUNN: An Adaptive Function Neural Network," in *Adaptive and Natural Computing Algorithms*: Springer Vienna, 2005, pp. 1-4.

[Dreyfus, et al., 2004]   C. Dreyfus, J. Martinez, M. Samuelides, M. B. Cordon, F. Badran, S. Thiria, et L. Hérault, *Réseaux de neurones Méthodologie et applications* 2004.

[Duda, 1973] R. Duda, Hart, P., "Pattern Classification and Scene Analysis," New York : John Wiley & Sons 1973.

[Enuganti, 2005]   P. R. Enuganti, "Face Recognition using Tensor Analysis," The University of Texas at Austin, Literature Survey 2005.

[FAYYAD, et al., 1993]   U. FAYYAD et K. IRANI, "Multi-interval discretization of continuous-valued attributes," in *IJCAI*, Chambéry, France, 1993, pp. 1022-1029.

[Fisher, 1936]   R. Fisher, "The use of multiple measurements in taxonomic problems," *Annals of Eugenics*, pp. 179-188, 1936.

[Ganter, et al., 1999]   B. Ganter et R. Wille, *Formal Concept Analysis*. Heidelberg: Edition Springer-Verlag, 1999.

[Gerald, 1994]   T. Gerald, "TD-Gammon, A Self-Teaching Backgammon Program Acheives Master-level Play," *Neural Computation*, pp. 215-19, 1994.

[GODIN, et al., 1995]   R. GODIN, R. MISSAOUI, et H. ALAOUI, "Incremental concept formation algorithms based on galois (concept) lattices," *Computational Intelligence*, pp. 216-267, 1995.

[Haijian, 2007]   S. Haijian, "Best-first decision tree learning," Hamilton, NZ 2007.

[Haiyuan, et al., 1996]   W. Haiyuan, Y. Taro, P. Dadet, et Y. Masahiko, "Face and Facial Feature Extraction from Color Image," in *2nd International Conference on Automatic Face and Gesture Recognition (FG '96)*, 1996, p. 345.

[Hjelmas, et al., 2001]   E. Hjelmas et B. K. Low., "Face detection : A survey," Computer Vision and Image Understanding 2001.

[Hua, et al., 2003]   G. Hua, S. Guangda, et D. Cheng, "Feature Points Extraction from Faces," in *Image and Vision Computing*, New Zealand, 2003.

[Hutchinson, 1994] A. Hutchinson, "A more accurate estimate of entropy," *Algorithmic Learning*, pp. 217-219, 1994.

[Ingemar, et al., 1996]   C. Ingemar, G. Joumana, et P. N. Yianilos, "Feature-Based Face Recognition Using Mixture-Distance," in *International Conference on Computer Vision and Pattern Recognition*, 1996, pp. 209-216.

[J. Micheals, et al., 2002]   R. J. Micheals, P. Grother, et P. J. Phillips, "The NIST HumanID Evaluation Framework," National Institute of Standards and Technology, MD - USA 2002.

[JARDINO, 2003]   M. JARDINO, "Cours DESS," 2003.

[JAYET, 2003]   A. JAYET, "Apport des Processus Emotionnels aux Systèmes Artificiels," 2003.

[JONATHON PHILLIPS, et al., 2003]   P. JONATHON PHILLIPS, P. GROTHER, J. M. ROSS, M. B. DUANE, E. TABASSI, et M. BONE, "Face Recognition

Vendor Test 2002 : Overview and Summary," National Institute of Standards and Technology 2003.

[KAMEL, et al., 1993] M. S. KAMEL, H. C. SHEN, A. K. C. WONG, et R. I. CAMPEANU, "System for the recognition of human faces," *IBM Systems Journal*, vol. 32, pp. 307-320, 1993.

[Kersting, et al., 2001] K. Kersting et L. De Raedt, "Bayesian Logic Programs," Albert-Ludwigs University Freiburg 2001.

[KNERR, et al., 1996] S. KNERR, V. ANISIMOV, O. BARET, N. GORSKI, D. PRICE, et J. C. SIMON, "The A2iA Recognition System for Handwritten Checks," in *Document Analysis Systems*, 1996, pp. 431-494.

[Kohavi, 1996] R. Kohavi, "Scaling up the accuracy of naïve-Bayes classifiers : A decision-tree hybrid," in *Proceedings of the second International Conference on Knowledge Discovery*, Menlo Park, CA, USA, 1996, pp. 202-207.

[Kononenko, 1995] I. Kononenko, "On Biases in Estimating Multi-Valued Attributes," in *14th International Joint Conference on Articial Intelligence*, 1995, pp. 1034-1040.

[KOURIE, et al., 1998] D. KOURIE et G. OOSTHUIZEN, "Lattices in Machine Learning : Complexity Issues," vol. 35, pp. 269-292, 1998.

[Lakshmanan, 2001] V. Lakshmanan, "Hierarchical Texture Segmentation of Weather Radar and Satellite Images," in *NSSL seminar*, 2001.

[Lauritzen, et al., 1988] S. L. Lauritzen et D. J. Spiegelhalter, "Local Computations with Probabilities on Graphical Structures and their Application to Expert Systems," *Journal of the Royal Statistical Society (Series B)*, pp. 157-224, 1988.

[Lindsay, 2002] I. S. Lindsay, "A tutorial on Principal Components Analysis," 2002.

[Liquière, et al., 1990] M. Liquière et E. Mephu Nguifo, "LEGAL : LEarning with GAlois Lattice," in *Journées Françaises suue l'Apprentissage (JFA)*, France, 1990, pp. 93-113.

[Liu, et al., 1998] B. Liu, W. Hsu, et Y. Ma, "Integrating Classification and Association Rule Mining," in *The Fourth International Conference on Knowledge Discovery and Data Mining*, New York, USA, 1998.

[Marzouki, 2001] M. Marzouki, "Enjeux des techniques de biométrie - Une première approche," in *23ème conférence internationale des Commissaires à la protection des données personnelles*, Paris, 2001.

[Mascre, 2003]   F. Mascre, "La biométrie comme méthode d'authentification :
enjeux et risques," 2003.

[MASIP, et al., 2005]   D. MASIP, M. BRESSAN, et J. VITRIA, "Feature
extraction methods for real-time face detection and classification," *EURASIP
journal on applied signal processing,* pp. 2061-2071, 2005.

[Meier, 2004]   R. Meier, "Applications musicales de cartes auto organisatrices,"
Centre National de Création Musicale 2004.

[MEPHU NGUIFO, 2001] E. MEPHU NGUIFO, "Extraction de connaissances basée
sur le treillis de Galois : Méthodes et Applications," *Université d'Artois,* 2001.

[MEPHU NGUIFO, et al., 2005] E. MEPHU NGUIFO et P. NJIWOUA, "Treillis de
concepts et classification supervisée," *TSI. Technique et science informatiques,*
pp. 449-488, 2005.

[Merz, et al., 1996] C. J. Merz et P. Murphy, "UCI repository of machine learning,"
1996.

[Nakamizo, et al., 2004]   S. Nakamizo, K. I. Haneda, et O. Nakamura, " An
effective feature extraction algorithm for the recognition of facial expressions,"
in *Electrical and Computer Engineering, 2004.* vol. 2, 2004, pp. 993-998.

[Nan, et al., 2006]   L. Nan et W. Han, "Feature Extraction with Genetic Algorithms
Based Nonlinear Principal Component Analysis for Face Recognition," in *18th
International Conference on Pattern Recognition (ICPR'06),* 2006, pp. 461-
464.

[Nikolopoulos, 1997]   C. Nikolopoulos, "Expert Systems - Introduction to First
and Second Generation and Hybrid Knowledge Based Systems," Marcel
Dekker Inc. Press 1997.

[NJIWOUA, 2000] P. NJIWOUA, *Contribution à l'apprentissage symbolique
automatique par l'usage du treillis de Galois (Thèse de Doctorat d'Université):*
Université d'Artois, 2000.

[Njiwoua, et al., 1998]   P. Njiwoua et E. Mephu Nguifo, "IGLUE : Un système
d'apprentissage à base d'instances utilisant le formalisme des treillis," in
11ème Congrès RFIA, Clermont-Ferrand, 1998, pp. 145-154.

[Njiwoua, et al., 1999]   P. Njiwoua et E. Mephu Nguifo, "Améliorer
l'apprentissage à partir d'instances grâce à l'induction de concepts : le système
CIBLe," *Revue d'intelligence artificielle (RIA),* pp. 413-440, 1999.

[OOSTHUIZEN, 1991]   D. OOSTHUIZEN, "Lattice-Based Knowledge Discovery,"
in *AAAI'91 Knowledge Discovery in Databases Workshop,* Annaheim, 1991,
pp. 221-235.

[OOSTHUIZEN, 1988]   G. OOSTHUIZEN, "The use of a Lattice in Knowledge Processing," University of Strathclyde, Glasgow 1988.

[Orsier, 1995]   B. Orsier, "Etude et Application de Systèmes Hybrides Neurosymboliques. Thèse de Doctorat en Informatique," Grenoble, France, 1995.

[PASQUIER, et al., 1999] N. PASQUIER, Y. BASTIDE, R. TAOUIL, et L. LAKHAL, "Efficient mining of association rules using closed itemsets lattices," vol. 24, pp. 25-46, 1999.

[Pearl, 1985] J. Pearl, "Bayesian networks:A model of self-activated memory for evidential reasoning," UCLA Computer Science Department 1985.

[QUINLAN, 1986]   J. QUINLAN, "Induction of Decisions Trees," *Machine Learning,* pp. 81-106, 1986.

[QUINLAN, 1993]   J. QUINLAN, *C4.5 : Programs for Machine Learning.* Los Altos, California, 1993: Morgan Kaufmann Publishers Inc., 1993.

[RAKOTOMALALA, 2005]   R. RAKOTOMALALA, "Arbres de Décision," *Revue MODULAD,* pp. 163-187, 2005.

[Rialle, 1994]   V. Rialle, "Décision et Cognition en Biomédecine : Modèles et Intégration (Diplôme d'Habilitation à Diriger des Recherches)," 1994.

[SAHAMI, 1995]   M. SAHAMI, "Learning Classification Rules Using Lattices," in *ECML,* Crete, Greece, 1995, pp. 343-346.

[Santos Osório, 1998]   F. Santos Osório, "INSS : UN SYSTEME HYBRIDE NEURO-SYMBOLIQUE POUR L'APPRENTISSAGE AUTOMATIQUE CONSTRUCTIF," 1998.

[Sinha, et al., 2006] P. Sinha, B. Balas, Y. Ostrovsky, et R. Russell, "Face Recognition by Humans: Nineteen Results All Computer Vision Researchers Should Know About," in *Proceedings of the IEEE,* 2006.

[Stoppiglia, 1997]   H. Stoppiglia, "Méthodes statistiques de sélection de modèles neuronaux ; applications financières et bancaires," 1997.

[Turk, et al., 1991] M. Turk et A. Pentland, "Face recognition using eigenfaces," in *CVPR,* 1991, pp. 586-591.

[Valtchev, et al., 2003]   P. Valtchev, D. Grosser, C. Roume, et M. R. Hacene, "Galicia : an open platform for lattices," in *11th Intl. Conference on Conceptual Structures (ICCS'03),* S. Verlag, Ed. Dresde, 2003, pp. 241-254.

[VEZJAK, et al., 1991]   M. VEZJAK, J. KOROSEC, L. GYERGYEK, N. PAVESIC, T. SAVSEK, I. ERJAVC, et A. GERE, "System for description and identification of individuals," *IEEE*, vol. 2, pp. 1251-1254, 1991.

[VUÇINI, et al.]   E. VUÇINI, E. GRÖLLER, et M. GÖKMEN, "Face Recognition under Varying Illumination."

[Wille, 1982] R. Wille, "Restructuring Lattice Theory: An approach based on hierarchies of concepts," *Reidel*, pp. 445-470, 1982.

[Wille, 1989] R. Wille, *Knowledge acquisition by methods of formal concept analysis*. New York: Edition Nova Science, 1989.

[Witten, et al., 2005]   I. H. Witten et E. Frank, *Data Mining: Practical machine learning tools and techniques. 2nd edition*. San Francisco: Morgan Kaufmann, 2005.

[XIE, et al., 2002]   Z. XIE, W. HSU, Z. LIU, et M. LEE, "Concept Lattice based Composite Classifiers for High Predictability," *Journal JETAI*, pp. 143-156, 2002.

[Yang, et al., 2003] F. Yang, M. Paindavoine, et N. Malasné, "Localisation et reconnaissance de visages en temps réel avec un réseaux de neurones RBF: algorithme et architecture," 2003.

[YANG, et al., 1999]   M. H. YANG, N. AHUJA, et D. KRIEGMAN, "Face Detection Using a Mixture of Factor Analyzers," in *IEEE International Conference on Image Processing (ICIP 99)*, Kobe, Japan, 1999.

[Yang, et al., 2002] M. H. Yang, D. J. Kriegman, et N. Ahuja, "Detecting faces in images : A survey," in *IEEE Transactions on Pattern Analysis and Machine Intelligence*, 2002.

[Zhao, et al., 2003] W. Zhao, R. Chellapa, P. J. Phillips, et A. Rosenfeld, "Face Recognition: A Literature Survey," *ACM Computing Surveys*, pp. 399-458, 2003.

[Zulkifli, et al., 2006]   D. Zulkifli, A. S. Rosalina, et Z. Zurinahni, "Face feature extraction using Bayesian network," in *4th international conference on Computer graphics and interactive techniques in Australasia and Southeast Asia*, Kuala Lumpur, Malaysia, 2006, pp. 261-264.